講談社選書メチエ
KODANSHA SENSHO MÉTIER
325

〈学級〉の歴史学

自明視された空間を疑う

柳 治男

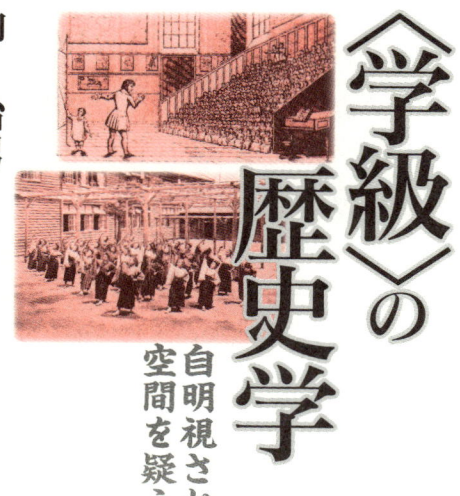

はじめに——問われない学級の悲劇

いじめ、不登校、「学級崩壊」で議論されないこと

学校をめぐってさまざまなことが議論されながら、そして幾多《いくた》の教育改革論が提出されながら、まったく無視された問題が存在する。それは「学級とは何か」という問題である。平たくいえば、子どもがなぜ席について、人の話を聞くようになったかということが問題とされないのである。そこには、「学級は存在することが疑うべくもない当然なことである」という、決まりきった態度が存在する。あるいはまた、「子どもが教室に入って、席につき、先生の話を聞くことはあたりまえのことである」という意識が、自明なこととなっている。

例えば、「学級崩壊」といわれる問題の議論の仕方は、明らかに「学級」の存在を自明視している。「学級」が存在し、成り立つことが前提となっているから、崩壊現象が問題とされるのである。ここでは、「そもそも学級はなぜ存在するのか」、「学級の秩序はなぜ保たれているのか」という疑問は、皆目見受けられない。いわゆるいじめや不登校問題も、「教室の病」として議論され、学級の中での人間関係のあり方や教師の指導法の適切性に大きな関心が寄せられている。しかし、ここでも「学級がどのような場であるのか」、議論されることはない。

この他にも、「四〇人学級では学級規模が大きすぎて、一人一人に教師が行き届いた指導をすることができない」ということで、学級規模の縮小をめぐる議論が活発に交わされている。また、ゆとり

教育や「総合的な学習の時間」の導入をめぐって、学力低下現象がいわれ始め、習熟度別学級編成の問題が浮上してきた。いずれも、「学級制をどのように変えるか」ということで多くの人々による議論の対象となっているが、ここでも依然として、「学級」の存在は自明のこととして受けとられ、ただ単に、「個別指導のために学級人数は少ない方がよい」とか、「個別に児童・生徒の成績に眼を配るためには、習熟度別学級編成の方がよい」というような議論がなされている。

中世の学校に学級はなかった

なぜ学校をめぐる議論に、「学級とは何か」という問題を提起するのか。それは、中世までの学校に「学級」が存在しないからである。多くの学校史研究が明らかにしていることは、中世の学校は多くの場合一つの部屋でしかなく、しかもそれは「教室（class room）」ではなく、「教場（school room）」と呼ばれた。この「教場」の中にいる子どもは年齢がまちまちで、同年齢の子どもの集まりなどは見られなかった。われわれがカリキュラムといっている、教授活動の全体的な計画なども、まったく存在しなかったのである。

明らかに「学級」とは近代の学校に特有の組織である。同じ年齢の児童や生徒によって構成され、必ずクラス担任が居て、独立した教室という空間において、一年間変わることなく学習し、またいろいろな生活をするという私たちの誰にでもなじみの風景は、かつて中世には存在しなかったのである。このことから当然のこととして、「どのような歴史的経過で学級が成立したのか」、「それはいかなる使命を担って登場したのか」、また「その特徴や限界は何か」、というような疑問が、現代の学校や教育の理解を深めるために、成立しうるはずである。

とりわけ今みたように、いじめや不登校、そして学級崩壊というような言葉で現代の学校を語るなら、それだけ「学級とは何か」という問題意識が生まれてもよいはずであった。しかしながら奇妙なことに、これまでの学校研究は、このような歴史的経過についてほとんど関心を寄せてこなかった。「学級」の存在が疑うべからざる所与の前提とされ、学校をめぐる、あるいは教育に関するさまざまな議論が展開されてきたのである。

自分たちが住んでいる土俵や舞台装置を疑わないということは、何をもたらしているのであろうか。いじめ対策のために、「心の教育」の重要性を強調したり、不登校問題解決のためにカウンセラーを配置したりするなど、いろいろな対策を講じても、何ら改善の兆《きざ》しが見えないことと、「学級」の存在が自明視されていることとは、無関係ではないだろう。

学級論の棚上げは生徒のナマの声を封じる

「学級」の存在を自明視する意識は、「児童・生徒は学級になじむはずである」とか、「学級は子どもにふさわしい場である」とかいう、予定調和的な考え方を作り出す。そしてたいていの大人は、「学級」の中で生活する子どもの感情を、十分に理解しえていると勝手に考えてしまう。

しかし、「学級」の存在を自明視したままで、そこで生活している子どもの意識を十分に理解しうるはずはないであろう。「学級」の中で生活している児童・生徒の生活や感情は、「学級」の存在に慣れ親しんでしまって自明視するという認識論的な限界を持つ大人の目では、明らかにされうるはずはないのである。

当の子ども自身が、自らの置かれている立場を的確に表現することはできない。不登校になった児童・生徒が、なぜ学校に行けないかを、自分で説明できないことは周知のとおりである。いじめや不登校問題を経験した生徒自身に、その当時の意識を尋ねたり、手記や日記を分析したりすることも行われているが、言葉として表現されたそれらの内容にどれだけの説明力があるのだろう。それらの記録はしばしば、マスコミを通じて流布《るふ》された言葉や、物語をそのまま真似《まね》て、自分の状況を説明したり、物語化している場合が多い。

大人も、自分がかつて「学級」に所属した時の意識を、十分に説明できない。「学級になじめなかったのは、学級というシステムに問題があったからではなく、自分の社会性の欠如に原因があった」と思い込んでいるかもしれない。

子どもの意識を調査している専門の研究者でさえも、子どもが生徒として「学級」に所属することを自明のこととしているために、生徒のナマの意識を捕らえることはできていないのではないだろうか。「意識調査をすれば生徒が理解できる」とか、「子どもの作文や日記を読めば、生徒の意識が理解できる」と簡単にもいえない。

「学級」の存在が自明視されている限り、「生徒のナマの声は、親にも教師にも、そして専門の研究者にも知られていない」とあえて断言することができる。したがってまた、問題の解決を目指したどのような対策も、成果を収めえないこととなるのである。

いや、もっと肝心なことがある。現代の学校の中枢的役割を果たす学級制が理解されないままに深刻な問題として指摘されている、いわゆる学校問題は、どのような問題なのであろうか。学級制が明確に理解されない限り、何が本質的、あるいは中心的問題であり、何が周辺的、あるいは派生的問題であるか、見極めることもできない。学級制の理解がなされないままに叫ばれている学校問題とは、果たしてどのような問題なのであろうか。本当にそれは、教育問題といえるのであろうか。

本書の目的

現代の学校について、これまで「子どもの自由を奪った」、「ゆとりがない」、「偏差値教育が原因だ」という議論や、逆に「今の教育は自由放任すぎる」、「道徳教育をしっかりやらないから子どもが荒れる」、「心の教育が不十分だ」などという、すぐに犯人や原因を求める議論が行われてきた。しかし本書では、このような「悪い教育」を探し出す作業をするのではない。もっと広く、「そもそも学校とはどのような組織としてできあがったのか」を問うことを課題としている。なぜなら、自明視されてまったく問われることがなくなってしまった学級制が、どのように現代の学校の中に入り込んできたのかを明らかにする必要があるからである。この作業を通じて、学校にとっての学級制、さらには児童・生徒にとっての「学級」の意味を明らかにしたいのである。

そのさい視野を学校のみに限定せずに、現代を特徴づける組織や営業形態とも比較しながら、検討を進めるのが有効である。今までの学校論は、あまりにも学校のみに視野を限定し、教育の世界で問題の犯人を探し、教育の世界で解決法を探るという方針に拘泥《こうでい》しすぎたのではないだろうか。むしろ、学校以外の、あるいは教育以外の人間の活動をも視野に入れながら、学校や「学級」という組織を考えた方が、問題をより客観的に理解できると思われる。

本書の構成

この本の構成を大まかに説明しておくと、わが国固有の学級制のあり方があることを、第一章において明らかにする。そして、もともと学級制はどのような経過で生まれたのかを知るために、第二章以降、イギリスの義務教育制度成立過程にさかのぼるという作業を行う。そのさい、学校以外の組織の成立、そして組織の構造をも取り上げながら、話を進めていくこととする。具体的には、パック（パッケージ）ツアーやファースト・フードのチェーン・システムという、現代を特徴づける組織や営業形態を一方に置きながら学校の成立過程を追い、改めて、学校と学級制の意味を検討することとしたい。

このような作業に立脚して、再び第五章以降、現代のわが国の学校が、学級制という角度からみた場合どのような問題をはらんでいるのかを明らかにしたい。

わが国では、「教育は本来こうあるべきだ」という理想論やタテマエ論（本書ではこれらのことを「教育言説」と呼ぶ）が強くて、かき消され、見過ごされてしまっている現象があまりにも多いのではないだろうか。三〇人前後の児童・生徒を掌握し、学級秩序を維持していくということは、複雑かつ大変な仕事であり、通り一遍の言葉で言い尽くせるはずはない。しかし、言葉として迫ってくる理想論やタテマエ論は、脅迫的あるいは暴力的力を持って、この複雑かつ微妙な現場の問題を、簡単な言葉で片づけてしまう。実際に学級秩序を維持する仕事を担っている教師の多くが、このような理想論やタテマエ論にとまどいを感じ、また違和感を覚えているのである。

この本では、学校とはどのような場であるかを、社会学の立場から明らかにする。この本の特徴は、これまで教育学の中で使用されてきた概念や表現を使用せず、むしろ経営学や社会学の領域において ごく普通に使用されてきた概念を通して学校や学級制を説明することにある。それは、学校を説明する作業を、より広い文脈の中で行うことにより、学校や学級制を見る目を広げていただきたいという願いがあるからである。毎日、学校現場で、児童・生徒を学級秩序の中に入れるために悪戦苦闘しながら、なおかつ教育言説に違和感を覚えている現場の教師に、毎日、児童・生徒を相手にしている仕事がどのような性格のものであるかを、これまでとは違った角度から明らかにし、仕事へのヒントと明日への活力を得ていただきたいと考えている。

●目次　〈学級〉の歴史学

第一章

「学級」を疑う

1960年代の日本とイギリスの小学校の授業風景

1. パックツアーと学級は似ているか

強制されたパック

なぜ学級制にこだわるのか。多くの読者には疑問に思われるであろう。しかし学級制は重要な問題をはらんでいるのである。

この問題を明らかにするために、「学級」を類似した集団と比べて考えてみよう。その集団とは、海外旅行のときに利用しているパックツアーのグループのことである。多くの人が手軽に海外旅行を楽しむために、ガイドの指示に従って行動する様子は、教師の指示に従って多くの児童・生徒が学習するという行動形態と非常によく似ている。まず、双方の形態上の類似点を気づくままにあげてみると、次のようなことがあげられる。

① 指導する者と、指導される者から構成される集団である。
② 期間が限定されて成立する集団である。
③ 参加者の選択の自由度が少ない集団である。

ところが、パックツアーと「学級」というこれら二つの集団は、次のような違いを持っている。先にパックツアーの集団の特徴をあげて双方を比較すると、以下のようなことがいえる。

①　人々が自発的に集まった集団と、強制的に集められた集団という違いがある。
②　参加者の年齢が問われない集団と、参加者の年齢が統一された集団という違いがある。
③　参加者の相互関係が非競争的状況にある集団と、競争的集団という違いがある。
④　参加者による集団形成が短期間で終了する集団と、長期間にわたる集団という違いがある。
⑤　大人が主として利用する集団と、青少年が主として利用する集団という違いがある。

どちらも、個人が自由にコースを選べないという不自由さがある点で共通している。しかし、旅行を楽しみたい人だけが参加するパックツアーのグループと対比すると、「学級」とは、勉強する意欲がなくても入らねばならないし、同じ年齢の子どもだけを集めねばならない。また、いつも競争を強いられ、そして仲良しであるか否かにかかわりなく顔をあわせねばならない集団として、その特徴を指摘することができる。簡単にいえば「学級」とは、「強制されたパック」という性格を持っているのだ。

子どもへの強いストレス

このように「強制されたパック」としてみることで、「学級」が次のような多くの問題を抱えた集団であることが理解できる。

①　学習意欲のない子どもも受け入れねばならないという使命を学級集団は背負っている。

②　学習の順序を、子どもが自分で決定することができない。
③　年齢が無理に統一されることにより、子どもの中で比較的年長者が支配するという自然の秩序が存在しない、いびつな集団が形成される。
④　ある程度均質な集団の中で、児童・生徒は数字でメリハリのついた成績をめぐる競争状態に常に置かれる。
⑤　仲良しの友達ができれば幸いだが、どうしても仲良しになれない同級生と、一年間も、あるいはそれ以上の長期間にわたって付き合わねばならない。

「学級」に所属するすべての子どもがこのような状態に置かれているからといって、必ず問題が発生するわけではない。しかし学級集団への所属をめぐって、生徒の間には大まかに次のような異なった反応が成立する。

①　集団所属そのものに体質的にアレルギー症状を示す生徒、すなわち多くの者といつも一緒に行動をすることに抵抗を感じたり、うまく交われなかったりする生徒が、少数ではあるが必ず存在する。
②　一緒に学習するのは不利益だからという理由で、学級での学習に不満を感じる生徒が生まれる。それは特に、理解力が早くて、授業の速度にいつも不満を持つ生徒と、逆に理解の仕方が遅いために、通常の授業のテンポについていけない生徒とに分けられる。
③　集団が楽しいから学級での生活にことさら違和感を持つことなく参加する生徒がいる。しか

し彼らとても、同年齢原理や競争原理がもたらす緊張関係と無縁ではない。

以上のように、強制的に子どもが学齢に達すると参加しなければならない「学級」自体が、教師の指導の善し悪しとは関係なく、生徒に多くの緊張をもたらすようになっているのである。

読者の皆さんが今、「強制されたパック」としてのこの「学級」へと入れ込まれ、長期にわたって拘束的状況に置かれた場合、我慢できるだろうか。さっさと逃げ出すに決まっているはずである。ましてや、大人のように耐久性が備わっていない子どもにとって、「学級」に所属するということは、もっと大変なことに違いない。

パックツアーとの共通性

それではなぜ、「学級」とパックツアーのグループを比べることができるのだろうか。おそらく、教育のために存在する「学級」を、娯楽のために存在するパックツアーのグループと比べること自体がナンセンスと考える人が多いだろう。

しかしもう少し考えてみよう。パックツアーが安くあがり、気楽に参加できる理由はどこにあるだろうか。地理も言葉もわからないところへの旅行には、どのような危険が待ち受けているかわからない、「未知との遭遇」というある種の冒険の試みであった。パックツアーが、それなりに営業成績を収めうるようになったのは、旅行から冒険性や偶然性をなくし、それを安定した、あるいは安心しうる旅行へと切り替えた点にある。

冒険旅行に代わって、安全で安い旅行をするには何が必要か。それは、未知の世界への旅行が持つ冒険性、偶発性をできるだけなくし、旅行に計画性と利便性を与えることである。目的地、滞在ホテル、利用交通機関、必要経費、案内係、参加人員をすべて事前に手配して決定しておき、後は計画されたスケジュールに沿って行動する。このことでより安定した、そして安い旅行が可能となり、誰でも気楽に参加できる。簡単にいえば、「旅行に関するすべての要素を事前に制御しておく」ということである。

「学級」という集団もまた、この事前制御の世界である。ある曜日、どの時間に、どの「学級」の生徒が、どの教室で、何を学習するのか、誰が教えるのか。必要なことはすべて事前に「時間割」として決められている。この事前制御という意味で、パックツアーのグループと学級集団とはまったく同じ性格を持っている。

パックツアーにせよ「学級」にせよ、制御工学的にいえば、フィードフォワード・コントロール（事前制御）の世界である。フィードバック・コントロールが、対象の変化に応じて制御を変えていくのに対し、フィードフォワード・コントロールとは、先まわりして事前にすべての外乱要因を統制し、あとは単純な作業を繰り返すことによって、目的を達成できる仕組みである（柏木、七頁）。

遊びの世界で形成されるパックツアーのグループと、学習活動のために形成された「学級」という集団とは、この事前制御という点でまったく同じ仕組みからなる集団なのである。

それでもまだ違和感を持つ人がいるであろう。「教育を目的とする集団と、遊びを目的とした集団を同じに議論できるはずはない」という主張には、説得力があると思われる。だが実はこの二つの集団は、出自を同じくする同質的集団でもあるのだ。

これら二つの集団は、一九世紀の産業革命が進行するさなか、イギリスにおいて大量に生み出されてきた貧民を救済し、より善き生活へと導こうとする中産階級を中心とするキリスト教の慈善活動の中から生まれてきた。

「学級」とは、都市のスラム街に集まる貧窮児に教育を施して勤勉な生活態度を身につけさせ、また治安の維持を図るために進められた貧民教育（poor education）の中で、子どもを学校へと組織化する方法として作り出されてきた。

パックツアーは、酒におぼれ、社会の底辺に沈んでいく貧しい大人たちを酒から切り離し、勤勉な生活態度と健全な娯楽を身につけさせようとする禁酒運動の結果として生まれた。

子どもを主たる対象とするか、大人を主たる対象とするかで、双方の集団の活動内容は違ったが、成立目的が貧民を悲惨な生活から解放し、勤勉な生活態度を育成し、健全な市民を形成することにあった点では共通していた。

想像を絶する「学級」の重圧

われわれはパックツアーに多くの問題を感じることはないし、また高尚な言葉で飾り立てることもなく、それなりに社会的に定着した制度として利用している。しかし「学級」によって構成される学校は、今日多くの問題を投げかけられ、また「教育はかくあるべし」というおびただしい教育言説によって包囲されている。それは、学校の基礎単位としての「学級」の存在が自明視され、不可視化されていることと無縁ではない。

この「学級」の問題をパックツアーに置き換えてみると、意外と簡単に理解されうるのではないか。パックツアーは、われわれ大人がいつでも体験することが可能であり、またその意味を大人の目で、冷静に判断することができる。「旅はかくあるべし」という旅行言説は存在するがそれほど強烈ではない。パックツアーは、われわれにとって比較的簡単に了解可能な活動である。この簡単に了解可能な活動との比較を通じて、「学級」という社会的に自明化された存在の意味、またそれが持つ問題を知ることが可能となる。いわばいつでも体験可能なパックツアーを通じて、間接的ながらも「学級」という集団の生活を追体験してみることができる。

このようにみると、「学級」とは、無理な旅行を強制され、赤の他人と顔をつき合わせる生活を数年間継続するという、大人にも耐えられない生活を子どもに求めていることを意味する。子どもが毎日「学級」の中で生活をし、しかも小学校六年間、中学校三年間を通じてこの生活を継続し、さらには高等学校三年間も加わることになれば、彼らが体験する重圧とは、われわれの予想を超えた深刻な内容であることが理解できるのである。

今から四〇年ほど前、東京大学教育学部教育方法学の教授であった細谷俊夫は、学級制が経済的合理性の産物であるとして、次のように述べている。

> 元来、学級というものの本質を考える場合には、それが経済的見地に立脚して発生したものであることを知らねばならない。すなわち学級教授の組織は最低の費用でもっとも多くのものに知識を伝達する方法として採用されたのである。要するに富裕階級の個人教授の代用物として、大衆の知的教育のために案出されたものであった。したがってこの学級組織の成立は、初等教育が公共の手によって管理される国民教育制度の発生と密接な関係をもつことが理解されよう（細谷、六二頁）。

要するに、「学級」は貧困階級に最低の費用で知識を伝達するための便法として採用されたということである。パックツアーとまったく同じ理由で生まれたのであり、決して最善の方法として採択されたのではなかったのである。ならば学級制に対して数多くの批判が寄せられてもおかしくはないはずである。しかし研究の上でも、学級について懐疑的、あるいは批判的見解を聞くことはなくなってしまった。

その後一貫して、学級制は批判の対象とはならずに自明視されてきた。そして学級制を有意義なものとする議論のほうが圧倒的に多い。なぜ否定的、あるいは批判的見解が、学級制に対して向けられないのであろうか。また、明らかに子どもに多くの無理を強いている集団の中で、当の子どもはどのような影響を被っているのであろうか。

2. 日本固有の学級制

学級の仕組み

学級は、公民館や民間の教育文化事業においてもみることができる。例えば、学習塾においてもあたりまえの存在である。学習塾は、学力向上や志望校合格という需要を持つ生徒を集め、その需要に応えようとして、学級による学習を展開している。学級という名称で呼ばれながら、このような事業の場合、受講生は強制によって集められたものではない。そしてまた、学級という集団は多くの場合、需要供給関係の中にあり、受講生は授業料を払ってサービスを受ける。

このようにみてくると、おなじく学級という名はつくが、社会教育活動や民間の教育産業において成立している学級と、あるいは学習塾における学級と学校における「学級」が、一方では多くの共通性を持ち、他方ではいくつかの相違点を持つ。

まず共通する点からみてみよう。すでにパックツアーのグループとの類似性として述べたように、指導者・被指導者との関係が存在することはいうまでもない。

さらに、生徒を募集するのは、教師の直接的な仕事ではないし、また教師は生徒から直接謝礼をもらうのでもない。「学級」とは学校の一部を構成する集団であり、巨大な教育行政組織の中に組み込まれており、独立して存在しない。このことは、パックツアーのグループ、そしてまた学習塾の学級、さらには文化教育事業の学級にも共通した特徴であり、いずれも学級は大きな経営組織の中に組み込まれ、顧客にサービスを提供する現場である。

事前制御が行き届いた集団という点でも、どの学級も共通している。それは、より大きな経営組織の一部として、これらの集団が組み込まれ、組織の力によって事前制御が行われ、日々の業務が遂行されていることを物語っている。組織の力によって応募資格、応募条件、料金などが事前に決定されて顧客が集められ、教室という舞台が設定され、カリキュラムの編成、学級編成が行われて、担当者が配属されて、各事業は展開する。このような授業では、講師は雇用された従業員として、客に接する。

学校の「学級」は生活共同体だ

しかしながら次のような多くの点で、学校の「学級」という集団と、他の学級やパックツアーのグループとは異質である。第一に、パックツアーもそして学校以外の学級も、すべて参加者の自発性によって成立する集団であるのに対して、学校では有無を言わさず所属させられる。参加者が全員強制されていると感じているわけではないが、「学級」は制度的には強制されている。

第二に、学校では、教師と生徒の関係が、単に職務遂行上の限定的関係を超え、日常生活の多様な場面で、多彩な内容を含んで展開する、包括的性格を備えており、学校以外の学級における教師・生徒関係の限定的性格とは大きな違いを示している。学校では、仲間作りや集団作りというように、児童・生徒相互の人間関係が、もっとも重要な課題とされる場合が多い。

第三に、学校では、清掃活動や給食のような日常生活に不可欠な活動のみならず、誕生会、お楽しみ会、クラス対抗競技など、さまざまな活動が「学級」に抱え込まれる。これらの活動が重層的に組み合わされて、「学級」を一つの自己完結的な生活の場としている。

第四に、学校以外の学級が明白に需要供給関係の中で存在しているのに対し、学校ではまったく異質な論理で動いているようにみえる。

第五に、「学級王国」という言葉に示されるように、他の場面での学級が大きな経営組織の中に組み込まれ、組織の現業部門として顧客に対するサービスを提供しているのに対し、「学級」はしばしば独立した存在であるかのような扱いを受けている。

以上のような特徴を並べてみると、学校の「学級」を簡単に、活動が限定された機能集団というわけにはいかない。むしろそれは生活集団とみるほうが、より適切である。否、生活集団というよりは、強固な生活共同体として存在しているといっても過言ではない。日常生活のさまざまな側面に配慮し、教師と生徒の濃密な人間関係を作り上げる「学級」とは、生活の細部にまで親が面倒を見、また親子間の緊密な人間関係が展開する家族共同体とも非常に似通ってくる。もちろん、厳密に共同体という場合のような、生産の共同性をみることはできないが、生活の共同性という側面がきわめて濃厚であることは明白である。

「学級はかくあるべし」

「学級」が共同体的性格を強く持っているということはさらに、このような性格を強化するための、「学級はかくあるべし」という数多くの教育言説が存在するという特徴に連なってくる。

それは、相互に補完的な二つの言説に大別することができる。一つには「学級共同体言説」であり、他の一つは「教師・生徒一体性言説」である。

「学級共同体言説」とは、「学級は一つの共同体であるべきだ」という規範性を持つ言説である。学級論といえば、共同体的性格の強化論といってもいいほど、「仲間作り」、「集団作り」という集団の一体性を強調する言葉に満ちている。共同体言説は、「支えあい」、「仲間」、「なかよし」、「励まし」、「思い出作り」等の暖かいイメージをこれまで次々と生み出し、児童・生徒の集団への帰属意識を高めようと試みてきた。空間を共有するだけではなく、教師も生徒も生活を共有し、同じ活動をし、価値観をも共にすべきとする理念が強調されている。「学級」が機能集団として存在しているならば、学級論はもっと学力問題に関心を注ぐべきはずである。しかし、授業効率をめぐる論議が吹き飛んでしまうほどに、人間関係に力点を置く言説は強力である。

「理想の教師」は生徒と一体

このような「学級共同体言説」は、教師と生徒の社会的距離をできるだけ縮めようとする「教師・生徒一体性言説」と共に語られる。「教師と生徒は共に学ぶ」、「教師は生徒と同じ眼の高さで」、「教師と生徒の共感的理解」、「子どもに学ぶ」などという広く浸透した教師・生徒関係の規範的表現に、このことは端的に示されている。それはさらに、教師の教授活動、すなわち「教え込み」よりも、「学び」という生徒の側の姿勢に力点を置く表現が好まれることとも、密接に関連しあっている。

教師と生徒の距離を縮めるという言説は、したがって共同体言説でもある。それは単に生徒相互の人間関係を重視するのみならず、教師と生徒の人間関係をも重視する思考様式だからである。教師と生徒の距離がなくなり、緊密な関係が生まれ、親子関係や兄弟関係にも匹敵するような親密さを実現することが、教師論として展開され、またそのようなメッセージを伝達する「学園ドラマ」や「教師物」が、テレビや映画で次々と放送される。教室という空間を共有する人間が、生活を共にし、緊密な人間関係を作り上げ、さらに精神的にも一体性を樹立することが、「学級作り」として期待され、さらに規範化されていく。

ここにみられる教師像は、決して知識の伝達に自分の役割を限定するようなものではない。児童・生徒の生活全般にわたって目配りするという役割を、教師は担わされることとなる。そしてこのような役割を担うことから得られる満足感を、この言説は積極的に鼓舞しようとする。

パックツアーにせよ、あるいは市井の公民館や教育文化事業における学級にせよ、導く人間と、導かれる人間との間には、玄人と素人、専門的訓練を受けた人と受けていない人というような、容易には越えがたい溝が横たわっている。学校においても、このような教師と生徒の間には極度の差異が明確に存在するにもかかわらず、むしろ双方の一体性が強調される。差異がなくなるほど、一体性が確立した証拠として賞賛され、そのような学級作りをすることが、しばしば教師の理想として意識される。

日本の学校の濃厚な生活共同体的性格

以上のような「学級」の共同体的性格、そしてまたこれと不可分の関係にある学級共同体言説、あるいは教師・生徒一体性言説とは、普遍的な現象であろうか。たしかに「学級」という仕組みは、近代的な学校制度を採用している限り、どの国にもみられる。いじめや不登校という現象も、どの国にも存在している問題であり、普遍的現象であるには違いない。しかし、広く浸透した学級共同体言説、教師・生徒一体性言説の存在は、そしてまた強固な「学級」の共同体的性格は、わが国特有の現象として理解しておかねばならない。

欧米の学校文化と日本の学校文化の比較研究は今日数多くみることができるが、幾多の点で日本の学校及び「学級」が特異な存在であることを明らかにしてくれる。

第一に、わが国において一斉教授方式が中心であるのに対し、個別教授や能力別編成を欧米の学校が採用し、またそのために複数のアシスタントを置いている。

第二に、日本の「学級」は、単に教授活動が展開するだけの場ではなく、班活動、委員会活動が組み込まれている。日本の「学級」があらゆる活動を組み込んで、生活共同体的性格を強く示しているのに対して、欧米の学級内活動がきわめて限定的であること、すなわち機能集団的性格を明確に示していることは明らかである。

第三に、教師と生徒の関係にもまた、顕著な違いが存在する。志水宏吉によれば、イギリスの学校における教師と生徒の関係は、わが国の場合と大きな違いを示している。

イギリスの教師生徒関係は一定の距離を保った、日本人からみればややドライな感じのするものになっている。人によれば同じ担任と五年間付き合うことになるのだが、日本の教師と生徒の間にしばしば生じる、一生続くような情的な絆に結ばれた師弟関係といったものはなかなか生まれにくい（志水、二二九頁）。

こうして多くの比較研究は、日本の「学級」が欧米の「学級」と比べると、生活共同体的性格をより濃厚に持っているということを示している。逆に欧米の「学級」が、パックツアーや市井の社会教育活動や教育文化事業の学級と同様、機能集団的性格を持つことは明らかである。したがって、「学級」の共同体的性格は、わが国固有の現象とみてもよいであろう。そしてまた、学級共同体言説も、日本固有の現象としてみてもおかしくはない（高橋、一一一頁）。

また、「学級」に焦点を向けているわけではないが、「中間集団全体主義」という概念を使いながら内藤朝雄は日本の学校を次のように特徴づけている。

現在の学校制度は、これまで何の縁もなかった若い人たちに一日中べたべたと共同生活することを強いる。そこでは、心理的な距離が強制的に縮めさせられ、さまざまな「かかわりあい」が強制的に運命づけられる。このような環境条件のもとで、生徒たちは自分たちなりのローカルな社会秩序をつくりあげる。それはしばしば仲間集団への酷薄な隷従を強いるものであり、日々感じられてはいるが言葉にしにくい生きがたさをもたらす（内藤、四〇頁）。

文化変容の中の学級制

しかし、このような違いを単に文化の相違として自然発生的に生じた差異、また変更不能な文化的ギャップと考えてしまうならば、それは大きな間違いであろう。むしろ単なる文化比較を超えて、よりダイナミックに異質な文化間の接触と変容の問題として、考えなおす必要がある。

すなわち、「学級」は歴史を持つのであり、時間的な変容の過程を追わねば、その特徴を知ることは不可能である。それは次の二点においていえることである。

一つには、学級制とはあくまでもイギリスを中心にヨーロッパ大陸やアメリカとの経験の交流の中で成立し、それがわが国に導入されたものである。日本において欧米産の制度は受容され、さらに変容されて現在に至っているのである。

文化の差異を固定的に考えない二つ目の理由として、教育言説の役割をあげることができる。教育言説は、現実に存在する実態の表現ではなく、理念を込めて作られた人間の思考の産物である。しかし同時に、言説は現実を再構成する力を持っている。「学級」の共同体的性格は、単に文化の産物ではなく、学級共同体言説によって構成された成果であるとみることが可能である。

わが国の「学級」の生活集団的、あるいは共同体的性格は、欧米社会で機能集団として誕生した「学級」が、日本に輸入された後に付与されていったと考えられる。その場合、学級共同体言説が大きな役割をはたさねば、わが国で定着することはできなかった。このように見なすのは、イギリスと日本で、「学級」とパックツアーの展開様式に、明白な相違があるからである。

イギリスにおける学級制とパックツアーの始まり

わが国の義務教育制度は、一八七二年、すなわち徳川時代が終わりを告げて間もない明治五年に始まった。これに対し、イギリスでは、一八七〇年に初等教育法が出されて、事実上の義務教育制度が始まったとされる。二つの国は、ほぼ同時期に義務教育制度を開始した。

ところで、学級制が整備され、今日のような「学級」が登場し始めたのは、イギリスでは、一八六二年の「改正教育令」という内閣が公布した規定に負うところが多い。詳細は後に譲ることとして、この時、六段階の「スタンダード」と呼ばれたクラスからなる学校制度が、補助金支給制度との関連で作り上げられた。そこで明確に同年齢の集団を形成する動きが始められた。これが今日通常見られる、同年齢の子どもの集団からなる「学級」成立の直接の契機となった。

このような現代の「学級」の芽が出始めたのと同じ時期、すなわち一九世紀半ば、今日のパックツアーの原型が出現しつつあった。パック旅行とは、バプティストの宣教師T・クックの福音主義的禁酒運動にその発端を持つ。彼は、居酒屋に入り浸《びた》り、動物を戦わせる野蛮な気晴らしや賭博に明け暮れる人々に、酒に代わるリクリエーションとして楽しみを与えることを考えた。そして、その楽しみの一つとしてのエクスカーション（小旅行）に、当時誕生したばかりの汽車の旅を結びつけるというアイデアを生み出したことから、旅行の大衆化は始まった。この事業は、あくまでも愛他的な宗教活動として始まり、クックは個人の金で禁酒運動のパンフレットや雑誌を出版し、また禁酒運動の大会を催した（本城、二八頁）。

彼は一八四一年、イギリス中部の都市レスターから、約一〇マイル離れたラフバラで開催された禁酒大会に多くの市民を参加させるために、五〇〇人前後の人々を汽車で運ぶ企画を立て、この大会を成功させた（蛭川、一六頁）。この団体旅行は、禁酒運動という宗教上の集会への参加として行われたが、往復運賃は有料であり、その他に軽食と娯楽のための費用も参加費に含まれており、料金はいわばパックとして徴収された。

その後、スコットランドの観光を機に、一つの事業として旅行業を独立させた。すなわち目的地の決定、ホテルや鉄道会社との折衝、旅行内容の編成という、旅行に必要なあらゆる業務に事前の準備を行い、ガイドブックを発行して、自らはマネージャーの役割を果たすようになったのである（蛭川、八八頁）。

一八五一年の第一回万国博覧会が開催されたロンドンのハイドパークに客を送り込み、国内を中心として、鉄道会社、ホテルとの契約を結んで、数々のルートを開拓したりしていった。さらにそのルートは、大陸にまで及んだ。学校への補助金の出来高払い制が施行された翌年の一八六三年、彼はパリ向けのパックツアーを開発し、多くの労働者階級の人々を送り込んだ。

こうして、禁酒運動に端を発した旅行は、当世風にいえば潜在的需要に火をつけた形となり、多くの人々を組み込んでいき、一挙に組織の拡大へと向かったのであった。

産業革命が進行し、イギリスが農村社会から工業社会へと変貌する中、教師の下で子どもが集団となって行う学習活動と、ガイドの案内に従って多くの人々が海外旅行をするパックツアーが開始された。産業化の進行と、荒廃した社会に安定をもたらそうとする社会改良主義、あるいは福音主義運動が展開する中で、同時に二つの種類の集団は産声をあげたのである。

日本的に変容された学級制

わが国で「学級」が制度的に規定されたのは、明治二四年（一八九一）文部省令第一二号「学級編制等ニ関スル規則」によってである。しかし、就学率が低迷しているために、事実上は複数の「学級」が集まる合級学校という形の学校形態がしばらく続き、明治末、すなわち二〇世紀に入るころになって、大部分の学校に今日のような「学級」が普及することとなった。これに対してパックツアーは明確に戦後、とりわけ高度成長期に入った一九六〇年代にはやりだし、その後ほぼ四〇年の間で急速に普及したのである。

この時間的落差は、社会的落差の反映でもある。明治時代の終わり、すなわち二〇世紀の入り口とは、わが国がまだ色濃く農村社会的性格を持った時代であった。これに対し、パックツアーが普及し始めた一九六〇年代とは、農村から都市への人口の急激な移動が生じ、いわゆる都市化が急速に進行した時代であった。イギリスとは違って、わが国では一人の指導者が多くの人間を指導したり、引率したりするという「学級」とパックツアーは、時代を異にして出現し、また社会的背景もまったく異なっていた。

イギリスで産業化が進む都市を基盤に成立した「学級」という集団を、都市的環境を知らない日本の農村的秩序の中に入れ込むということは、至難の業である。まったく異質な性格の土壌に植物を移植するためには、土壌の改善か、あるいは植物の体質改善を図らねば実現しえない。明治期から昭和期の後半まで農村的秩序を色濃く持った日本に、都市的状況の産物である「学級」を移植する作業は、困難を極めたに違いない。

「学制」により学校制度が始まった明治五年、パックツアーを創設したクックは、世界一周旅行の添乗員として日本に来ており、これを機に多くの観光客が日本に来るようになったといわれる（ブレンドン、七頁）。しかしこの時、わが国での旅行ブームは起こらなかった。そして都市への人口移動が進んだ高度成長期に開始されたパックツアーは、比較的スムーズに日本社会に溶け込み、たちまち海外旅行ブームを巻き起こした。大小さまざまな旅行会社が創設され、多くの人々がツアーに参加し、海外へと飛び立つ時代となった。

わが国における「学級」とパックツアーのグループとの、集団的性格の差異、すなわち前者の共同体的性格と、後者の機能集団的性格の差異とは、このようにみると、単に文化の相違から生じた問題ではない。「学級」が日本的に変容されねばならなかったことを示している。強力な農村的秩序の中で定着するために、「学級」は子どもの多くの生活を抱え込むように変わらねばならなかった。また変わるためには、多くの教育言説が産出され、教育現場に投入され、言説的に再構成されねばならなかった。

細谷俊夫が「富裕階級の個人教授の代用物として、大衆の知的教育のために案出された」とした国、それはイギリスであった。そしてまたパックツアーの母国もまた今みたように、同じくイギリスであった。わが国の学校においてあたりまえの存在として受け入れられ、また共同体的性格を強く持つ学級制の問題を解明するためには、前もってイギリスにおいてどのような社会的意味を与えられながら「学級」が成立してきたのかを、明らかにする必要がある。

第二章
「クラス」の誕生と分業される教師

J. ランカスター（Monroe, *A Cyclopedia of Education* より）

1. 抹殺された学校——モニトリアル・システム

場当たり主義の昔の学校

教育史の研究によれば、「学級」はしばしば椅子を意味する「フォーム」という言葉で中世末の文法学校に登場し始めるが、きわめて少数の例にとどまる（金子）。「学級」が存在しない学校とは、学校全体が一つの部屋、あるいは場所に過ぎなかったし、一人の教師がいただけであった。一つの部屋、それは教場と呼ばれた空間であり、具体的には、修道院の一室であったり、回廊の一隅であったり、そしてまた民家の一室であった。

この教場としての学校に「学級」が存在しなかったということは、もともと生徒を年齢や能力で分けるという発想がなかったことを意味している。アリエスは、「難易性の異なる学問を同時に教え、また幾度も繰り返し聴講する中世の方式は、たえざる混淆《こんこう》をひきおこし、年齢ごとにあるいは能力ごとのカテゴリーに編成しようとするすべての試みを禁じたのであった」（アリエス、一六八頁）と述べて、一九世紀に至るまで、難易度や年齢に配慮する意識が弱かったことを強調している。このような学校ではカリキュラムも存在しなかったし、教師は一人一人の生徒を相手にして個別に教授をしたのであって、一斉教授ということも存在しなかった。

誰が、何を、何時《いつ》、どこで、誰から学ぶのか、現代の学校ではあらかじめすべてが事細かに決められ、それが具体的には時間割に示されている。しかし、伝統的な学校では、細かな教授計画を事前に立てるということはなかった。教師は一人一人の生徒を相手に教えたわけであるから、極端な表現をすれば、目の前に座っている生徒が誰かによって、教える内容やレベルをその場で決めたのであろう。現代の感覚からすれば、「計画性のない場当たり主義」と批判がなされそうであるが、かつてそれは学校のあたりまえの姿であった。

そういえば、わが国において幕末に、明治維新に活躍した多くの人材を出して有名な吉田松陰の松《しょう》下村塾《かそんじゅく》も、同じようなものであった。いうまでもなく、この塾は計画性も何もあったものではない。時間割もなく、門生の出入りも不規則で、出席、欠席、遅刻、あるいは在籍者の名簿など、学校について語る時必ず出てくるような言葉、そしてこの言葉で示される具体的な行動など存在するはずはない(海原、三六頁)。

天気まかせ、気分しだい、家や仕事の都合、相手の好き嫌いなどというような生活の仕方や態度が堂々と学校の中に入り込めるということと、「学級」がないということは密接に関連しあっている。すなわち昔の学校は場当たり主義であるために、「学級」を明確にして、担任と習う生徒と教育内容、そして時間と場所を、あらかじめ明確に決めておく必要などなかったのである。逆に「学級」を持つ学校とは、教えることにかかわるさまざまなことが事前に計画された世界であることを物語っている。

風変わりな学校の出現

テムズ川を挟んで、ビッグベンやウエストミンスター寺院の対岸にあるロンドンのサザーク地区、そこはかつて貧民街であった。この地区の一角に、一九世紀初頭、モニトリアル・システムというそれまでにない生徒の編成の仕方と教え方をした風変わりな学校が出現した。どのように変わっていたかというと、それまでの学校のように教師（マスター）が生徒に教えるのを止《や》め、代わりにモニターと呼ばれる生徒が、他の生徒に教え始めたのである。

この学校は3R's（reading, writing, arithmetic）という、わが国でいう「読み書き計算」を教えたのだが、教師は生徒の中から比較的優秀な、あるいは年長の者を選び出し、彼らに最初にこの3R'sを教えた。次いでモニターと呼ばれたこれらの生徒がそれぞれ、約一〇人の生徒のグループを相手に、自分が習った3R'sを教えたのである。すなわち教師が直接生徒に教えるのではなく、モニターたちが他の生徒に読み書きを教えた。

この学校では、読み方と計算の能力で生徒を分けた。この分けられた生徒の集まりが「クラス」と呼ばれたのである。いくつかの試行錯誤を重ねながらこのクラス制は整備されていくが、最終的には読み方で八クラス、計算で一二クラスに生徒を分類した。いわば読み方と計算で、能力別に生徒を分類するという、事前準備を教授活動に明確な形で導入したのである。しかしクラスと呼ばれても、現代のような独立した空間を持つものでもなく、また担任教師がいたわけでもない。そして能力で生徒を分けるので、クラスにより人数はまちまちになる。そこで実際の教授では、それが約一〇人の生徒からなる班（draft, subdivision）にさらに分けられた。（B. F. S. S. 1814, p.11）

ランカスターの開発

学校を作ったのは、J・ランカスター（J. Lancaster）という二〇歳になったばかりのクウェーカー教徒の青年であった。ところがもう一人、同じような学校を作った人物がいた。A・ベル（A. Bell）

図2-1　モニトリアル・システムの教場　バラロード校全景。中央に立つジェネラル・モニターが全生徒に指示を与える。生徒はクラスごとに分けられ、机の端に立つクラス・モニターの統制下にある。右端の人物が教師、左端は見学者。壁にレッスンブックが掛けられている（内外学校協会〈B. F. S. S.〉の1837年版マニュアルより）

という人物で、彼は国教会の従軍牧師として、派遣されたインドのマドラスにおいて、イギリスの兵士と現地女性の間にできた混血孤児の世話を任せられ、ここで「マドラス法」と呼ばれたモニトリアル・システムを、ランカスターよりも早く作り出していた。

ベルが所属した国教会は、イギリスにおいて宗教改革以来ローマカトリックから分離し、イギリスの国王を首長と仰いで君臨してきた。他方、ランカスターが所属したクウェーカー教徒は非国教会派と呼ばれる陣営に属し、いわゆるピューリタン系の教団として国教会派とはことごとく対立を繰り返してきた。この国教会と非国教会という対立する陣営に二人はそれぞれ属しており、双方のモニトリアル・システムには少なからず違いがあったが、モニターを使い、生徒を能力別に分類した点では共通していた（安川）。

ランカスターが、サザーク地区のケントストリートにあった父親の家を借りて、最初の学校を作ったのは一七九八年のことであった。面倒見のよさがあって、貧民街の多くの子どもたちが集まってきたために、伝統的な一対一の教授法では対応できなくなってしまった。従来の学校では、一人の教師が助手（usher）を雇うのがそれまでの習慣であったが、助手の数を増やすと、当然授業料を上げねばならなくなる。それでは貧民街の生徒にとって大きな負担となる。授業料の値上げをせず、しかも多人数の生徒を教えるという問題にランカスターは直面したのである。

そこで思いついたのが、生徒が生徒に教えるという、相互教授法であった。一八一〇年、ランカスターは自分の学校の運営法を書いたマニュアル本の中で、「教育を経済的に実施するためには、助手に代えてより効率的な代替者を工夫することである。代替者として助手の代わりに生徒が教えるためには、秩序と教授のシステムを単純化する必要がある」（Lancaster 1810, p.39）とモニターを使った理由を説明している。

教師と生徒が一対一で向かい合う従来の教授法では、一人の生徒が教えを受けている間、他の生徒は自分の順番が来るまで待っていなければならない。教師が教える代わりに、すでに教えを受けた生徒が他の生徒に教える相互教授という方法が、古くから文法学校の中で定着していた。この方法をランカスターは、安上がりで効率的な授業のために利用し始めたのである。班で教える場合、一人のモニターが一〇人くらいの生徒を教えるようにし、モニターの数を増やせば、教えることができる生徒の数もまた増やすことが可能となる。クラス制は細谷俊夫が言ったように、大量の生徒に安く、そして早く読み書きを教える方策として始められた。そしてまた伝統的な学校の中に、こうして効率性という考え方が入り込んだのである。

生徒が生徒に教えるわけであるから、複雑な内容を教えたり、複雑な方法を採用したりすることはできない。子どもでも教えられるように、教授活動をいかに単純化するかということが、彼が追究した中心テーマであった。インドで多くの混血孤児を相手に読み書きを教えねばならなかったベルの場合も、同様の課題に迫られたのである。

整備されるクラス制

ランカスターは、試行錯誤を重ねながら、効率的な教授法を開発していったが、その成果を『教育の改善（*Improvement in Education*）』というタイトルで、前後三版にわたって出版した。一八〇三年に発行された最初の版では、単に学校がクラスに分割され、各クラスにモニターが配置されること、そしてこのモニターがクラスの道徳、成績、秩序、清潔さの維持に責任を負うこと、毎週と毎月の進歩、習得量、出欠の記録をとることだけが述べられ、まだ詳細な説明はなされていない（Lancaster 1803, pp.53-54）。

しかし一八〇五年発行の第三版になると、クラスの説明が詳細になっている。「競争（emulation）を促し、学習を進めるために、学校はクラスに配列され、各クラスにモニターが配置される。クラスは能力が同じ複数の少年によって構成され、一緒に教えられる。クラスが小さければ一人のモニターが教え、大きければ、首席モニターの指示の下に、アシスタント・モニターが、クラスの班を教える」（Lancaster 1805, p.40）。そして、習得すべき3R'sのレベルに応じて、読み方・綴《つづ》り方、計算のクラスが表2－1のように分割された。

能力別の振り分け

ここに導入されたクラスとは、現代の年齢で生徒を分ける「学級」の概念とはまったく異質である。それは教育内容のレベル分けが先行し、それを基礎に組み立てられた人間の分類であった。すなわち、読み方や綴り方では、文字数により、そしてまた算術の場合、四則計算と桁《けた》数によって分けら

〈読み方・綴り方〉	
1.	A, B, C
2.	二文字や ab 等
3.	三文字
4.	四文字
5.	五ないし六文字
6.	新約聖書
7.	旧約聖書
8.	ベストリーダーからの抜粋
〈計算〉	
1.	数字の組み合わせ
2.	足し算
3.	複数の足し算
4.	引き算
5.	複数の引き算
6.	掛け算
7.	複数の掛け算
8.	割り算
9.	複数の割り算
10.	約分
11.	三角法
12.	練習

表2-1　クラス分け

REGISTER, No. 1.

PLAN OF ALPHABETICAL SCHOOL REGISTER.

Name.	No.	Residence.	When Admitted.	Reading Classes. 1	2	3	4	5	6	7	8	Arithmetic Classes. 1	2	3	4	5	6	7	8	9	10	When Left School.	Remarks.
Adams, John	6	Kent Street	May 6, 1815				[illegible]	[illegible]	[illegible]			[illegible]											
Andrews, W.	94	John Street	June 4, 1815							[illegible]					[illegible]								
Abel, George	76	Bird Lane	Aug. 6, 1815	[illegible]																		August 20th	Removed

図2-2　学籍簿　生徒の名前、住所、入学日時、読み方・計算のクラスでの進級日、除籍日が記録されるようになっている（内外学校協会の1816年版マニュアルより）

れた教育内容が、クラス分けの基準となっている。この基準に合わせて、それぞれの生徒の能力が判定され、クラスへの所属が決定され、審査によって習得が十分になされたと判定されると、上位のクラスへと進級する。

　したがってこのような振り分けのために、個々の生徒の審査(inspection)による所属クラスの決定が大きな意味を持つこととなる。生徒が学校へ登録されるさいにはまず、担当のモニターによって読み方と計算の能力を調べられ、それぞれ読み方で八段階のどこかに、そして計算能力で一二段階に分けられたクラスの該当する箇所にそれぞれ所属させられる。このために読み方と計算のジェネラル・モニターは各自、全クラスのリストを持っている。そして試験が実施された日、移動したクラス、選ばれた賞品などがすべて、審査の時に、リストに記入されねばならない。進級はあくまでも個人の能力しだいで決定される(Lancaster 1805, pp.86-88)。一八一六年発行のマニュアルでは、図2−2のような名簿の例が数点示されている。

　個人の能力に応じて次々に上の段階へと上がる仕組みは逆にいえば、成績が上がらねば、いつまでも同じクラスにとどまらねばならない仕組みである。この仕組みを現代社会において求めるならば、自動車教習所における免許取得のための訓練課程にみることができる。複数の段階に分かれた課程のそれぞれを、判定によって通過しなければ上に進めない仕組みが、このモニトリアル・システムが採用した方法であった。それは「等級制」と呼ばれ、一九世紀の一定の期間、欧米において普及したクラス分けの原理であった。わが国の学校も、明治時代の前半は基本的にはこの等級制の原理によって、生徒の所属は決定されていた。

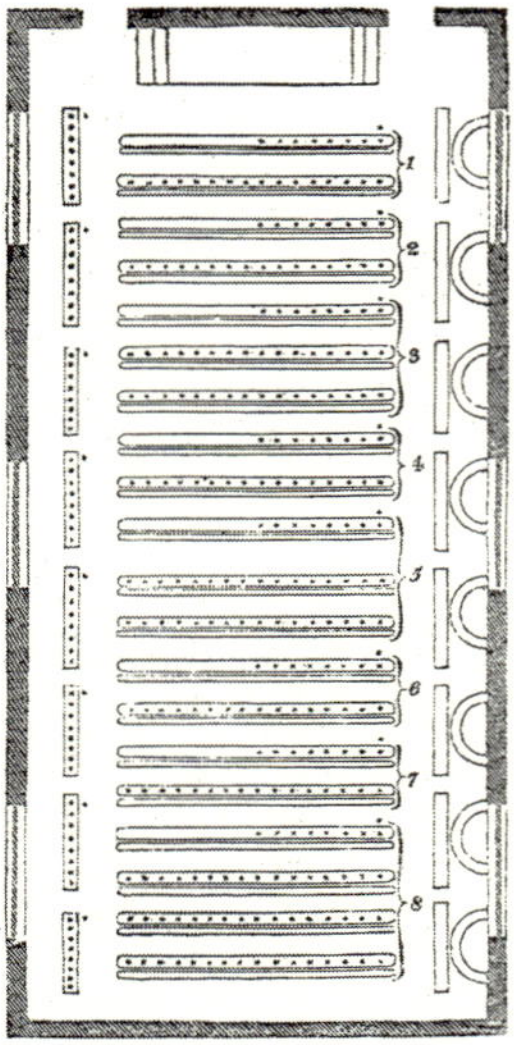

図2-3　ランカスターの学校の平面図　学習は、中央に並べられた机及び半円形のステーションで行われた。点は生徒とモニターを、数字はクラスを示す（Lancaster, *The British System of Education*より）

ランカスターの教場とクラスの配置

ランカスターは、最初の学校を父親の家の一室を借りて開設したが、生徒が増加したために、近くのバラロードに移転した。そして、当時の著名な貴族、ケント公やサマースヴィル卿たちから寄付金を集め、新しい学校を建設した。この学校は一つの広い教場からなっており、この点で、一つの空間を意味した伝統的学校と変わりはない。しかし、大きく違っていたのは、修道院や教会に付属したものではなかったということである。伝統的学校は、すでに述べたように、修道院や教会の一室であったり、たとえ建物が独立していても、教会に隣接して作られたりして、宗教界からの独立性が制約されていた。また民間の学校の場合も、個人の住宅が教場として利用される限り、教師の家庭生活と教場を完全に分離することは困難であった。

図2-4　スタンダード　一種のプラカードで、クラス（Ⅱ、Ⅲ、Ⅳ…）が表示されている（図2-1の部分拡大）

これに対して、ランカスターが改めてバラロードに建設した学校は、図２－３のような、宗教からもそして家政からも完全に独立した単独の施設であった。この新たな教場は、完全に世俗化した空間であり、また機能的には3R'sの伝達という仕事にのみ限定され、余計な活動が入り込めない独立した施設であった。

3R'sを教えるためにのみ設計されたこの教場は、整然と並べられた、幾何学模様の空間であった。伝統的学校の教場が雑然としていたのに対して、ここでは教場が明確に機能的に区分されている。彼はモットーとして、「すべての物に、明確な場所を与える（A PLACE FOR EVERY THING, AND EVERY THING IN ITS PLACE）」（Lancaster 1810, p.3）ということを原則として掲げた。物事の整理を徹底させ、円滑な業務遂行の条件を整備したのである。

図２－３のような図解を初めて持ち込んだ一八一〇年版のマニュアルでは、空間と同時にそこでなされる活動の明確な区分

を伴っていた。長方形の教場には、先頭に教壇（platform）が置かれ、ここに教師の机が置かれる。この教壇は、教師（マスター）が全生徒を一度に見渡すことができるためのものである。

教壇に向かって長机（form）と椅子が平行して並べられている。床には傾斜がつけられており、後方ほど高くなっていく。それは教師が生徒をすべて一度に監視しうるための、もう一つの工夫であった。そしてこの横並びの長机と椅子に、図2－4にあるように、板に「Ⅰ」から「Ⅷ」までの数字が記されている。この数字を表示した板のことを「スタンダード」と呼び、この板で示された子どもの集まりが、事実上モニトリアル・システムにおけるクラスを意味する。

モニターによる移動しながらの授業

このクラスごとに分けられた机で、石板（スレート）を使った学習を行った。図2－5の上の図は、その時の様子を示したものである。この方法は、モニターが読み上げた言葉や数字をクラス全員に石板に書き取らせ、モニターが点検する方法であった。モニターの、「石板を見せよ」という合図の下に生徒は一斉に石板を立て、書いた内容の点検をモニターから受けている。

図2－3で示した教場の側面の一方の壁際には半円が、他方の側面には細長い長方形の絵が描かれている。まず長方形の部分は、生徒が場所を変わるときに待機する場所で、ここでドラフトと呼ばれる班が作られた。そしてこの班は、反対側の半円が描かれた場所へと移動する。半円形の描かれた場所で読み方や暗算のような、筆記を伴わない学習が行われるため、「読み方の場（reading station）」と呼ばれた。ここでとられたのは、掲示されたレッスンブックの内容を読んでモニターが質問をし、学級の生徒に個別に解答させ、正解が出るまで質問を続けていくという方法であった。

図2-5　モニターによる授業
生徒が一斉に石板をモニターに見せている（上）。壁にかかったレッスンブックを指し示し教えるモニター（下）（Lancaster, *The British System of Education* より）

図2−5の下の図は、モニターが壁にかけられたレッスンブックを使って、班の生徒を相手に読み方の授業を行っている場面である。この方法は机につかずに、レッスンブックの周りを生徒が半円形に囲んで、解答するやり方であった。ここでは、モニターが最初にもっとも優秀であると認定された徽章を肩にかけた生徒に尋ね、答えることができれば次の生徒に次の質問が投げかけられる。しかし答えることができなければ、次の生徒に答えさせ、モニターは正解を言わない。次の生徒が正解を告げれば、徽章は最初の生徒から、正解した生徒に渡される。このように、モニターが質問はするが、生徒の中から正解を引き出し、また正解者に徽章を与えて特別扱いをする。まさしく競争によって名誉を奪い合う仕組みの学習を生徒は求められた。

班はそれぞれのクラスに所属しており、各クラスモニターの支配に属する。生徒は、クラスとして机で学習する時と、班で学習する時、一斉に場所を変えねばならない。

「同じ場所で机について二時間から三時間の学習を行うことは生徒に疲労をもたらすが、場所の交替によって生徒に気分転換をあたえる」として、ランカスターはこの空間的移動の積極的意義を強調している(Lancaster 1810, p.55)。しかし場所の移動には、本来の目的があった。生徒は読み方と計算ではそれぞれ別のクラスに所属しているために、この科目の変更の時にクラスを代えるべく、場所を変えねばならなかったのである。この交替を約五分で済ませるような訓練も、生徒に課した。

機械のように教えることが礼賛された時代

モニトリアル・システムは以上のように効率的な教授活動を実現して、伝統的な学校のあり方を一変させる画期的な学校として誕生した。そしてまたたく間にイギリス全体に、そしてさらにヨーロッパ大陸はおろか、アフリカ大陸、アメリカ大陸にまで広まっていった。いわば、バラロードで産声をあげたクラス制を伴う学校が、すぐさま多国籍の学校として普及したのであった。常識的感覚でいえば、学校の歴史に革命的変化をもたらしたこのモニトリアル・システムには、最大限の賛辞が送られ、また、開発したベルやランカスターの名声は後世に伝えられるべきものである。しかしことは逆に進んだ。

ルソーやペスタロッチの思想を基盤に広がった進歩主義教育思想の立場から、モニトリアル・システムが行った丸暗記や機械的注入主義の教育は批判された。子どもの自発性、自主性を尊重した教育の重要性を訴える人々からは、現実に多くの貧しい子どもに「より早く」、「より安く」3R'sを教えたにもかかわらず、批判され、歴史的に抹殺されてしまったのである。

しかしこのシステムが生まれた当時は、人々の反応は違っていた。当時の人々は逆に、モニトリアル・システムを機械装置になぞらえ、礼賛したのである。ランカスターは、自動巻き取り機械、ベルは蒸気機関にそれぞれなぞらえて自分の学校を自画自賛し、また機械装置ではなくとも、生産工場になぞらえた人々も多かった(Kaestle, p.12)。産業革命が進行し、ワットの蒸気機関が織物工場や製粉工場で実用化され、生産性が向上し始めた時、時代精神として、機械のように教えることは、きわ

図2-6 モニターに引率されて移動する生徒たち(Parker, *A Textbook in the History of Modern Elementary Education* より)

めて斬新な試みであった。ランカスターの学校には、工場主を中心として多くの見学者が訪れたという。

すでにこの学校が出現する一〇〇年もの昔、ボヘミア生まれのプロテスタント系の宣教師J・A・コメニウス（Comenius）は、『大教授学』を発表し、学校をその当時のハイテク機械であった時計と印刷機になぞらえ、スピーディな大量教育の実現を期待していた（コメニウス、一三六頁）。教授活動を機械になぞらえ、丸暗記を行うことが、積極的意味を持った時代がかつて存在したのである。

分業制の効用

当時このシステムを特徴をあげて単に賞賛するのみならず、冷静にいわば社会科学的眼で観察していた人物がいた。それは、一八世紀末から一九世紀初頭にかけて、博愛主義者として貧民教育の実現のために奔走したT・バーナード卿（Bernard）であった。彼は国教会側に属する人間であり、ベルのシステムの普及に尽力し、イングランド北部ダーラムにおいて国民協会（後出）のモデル学校を作るのに大きな貢献をした。しかしバーナードは、宗教的対立の一方の当事者であったにもかかわらず、ランカスターの業績にも賛辞を送り、両者の和解への努力を重ねた。そして、モニトリアル・システムを普及させるための本 *The New School* を一八〇九年に出版した。彼は、ベルの手になるモニトリアル・システムを「ニューシステム」、伝統的学校を「オールドシステム」として、オールドシステムの欠点を一〇点にわたって指摘した。その主な内容は、オールドシステムが少人数の生徒を対象とし、学習が偶発性にゆだねられ、計画性を欠き、ロスの多い不安定な学校であるという点である。

「オールドシステム」の欠陥を指摘しながら、同時にこのような問題を克服しえたとして「ニューシステム」がはるかに優秀であることを彼は力説した。この場合、彼が優秀性を実現した最大の理由として強調するのが、分業制の採用である。「工場の原理と学校の原理とは同じである」として、進行しつつあった産業革命における機械的生産、そして機械による生産を行う工場に学校をなぞらえている（Bernard, p.18）。新しい学校の存立の背後に分業制が存在することを、彼は鋭く指摘したのである。

この分業制はバーナードによれば、生徒と教育内容に関して生じたものであった。まず、生徒自身が学習の道具（the means of instruction）となり、モニターとして分業制の中に組み込まれる。ついで、教育内容を細部に区分するという意味で分業化が進み、生徒による知識の習得が確実かつ容易になる。

このバーナードの説明は、明らかにベルのシステムの説明を視野にいれてなされたものであった。また、モニターの名称や役割について、先にも述べたようにベルとランカスターのシステムが細部において同じであったわけではない。しかしどちらのシステムも、このバーナードのいう分業制を知識の伝達の場面にはじめて導入した最初の安定的、効率的な大量教育機関として成立した。後世において「機械的教育」という言葉に加えて、「安上がり教育」と揶揄《やゆ》されたシステムは、明らかに経費の節減を目指していた。それは、バーナードによれば分業制の採用によって実現したのであった。

分類という操作

ランカスターは分業制のために、「要素への分解」という近代合理主義が備える操作を知識の伝達

いう操作をまず加えた。例えば、図2-7のようにファースト・クラス、すなわち砂の上に指で文字を書くサンド・クラスでは、直線文字や斜線文字、そして曲線文字に分類した。

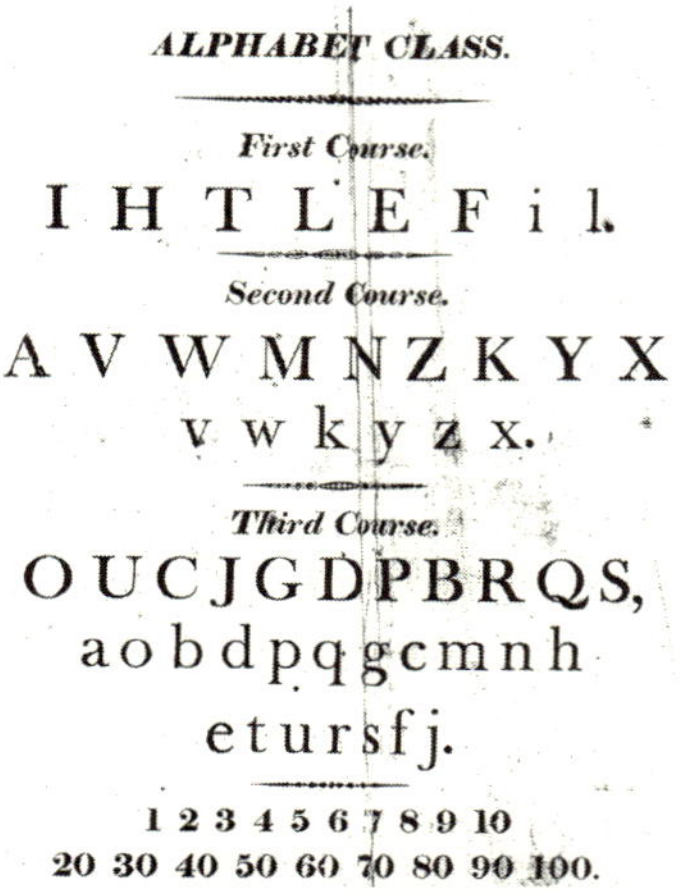
ALPHABET CLASS.

First Course.

I H T L E F i l.

Second Course.

A V W M N Z K Y X
v w k y z x.

Third Course.

O U C J G D P B R Q S,
a o b d p q g c m n h
e t u r s f j.

1 2 3 4 5 6 7 8 9 10
20 30 40 50 60 70 80 90 100.

図2-7　直線文字、斜線文字、曲線文字に分類されたレッスンブック（内外学校協会古文書館蔵）

に適用した。モニトリアル・システムとは、あらゆる事柄に分類という手続きが施された世界であり、この操作は現代の学校にも継承されている。

カリキュラムについて見ると、読み方の学習では、言葉を文字数に応じて分類し、段階化し、また算術の場合は、数字の四則計算を数字の桁数に応じて分類し、段階化した。方法的自覚が存在せず、順序に対する配慮も弱かったオールドシステムに対し、内容を難易度に対応して段階化するという操作をまず加えた。

このカリキュラムの分類は生徒の能力によるクラス編成をもたらした。先にみたように読み方と算術という二つの教科別に、前者では八クラス、後者の学習では一二クラスへと分けられた。この生徒の能力による分類は、各クラスにおける生徒の能力の均質化を実現し、能力の差という円滑な教授活動にとっての攪乱《かくらん》要因を除去したのであった。

モニターもまた、この分類という作業を経て任命された。すなわちモニターは、秩序維持の「ジェネラル・モニター」と教授活動を担う「クラス・モニター」に分類された。時代は下がるが、一八一六年発行のマニュアルでは、次のように専門分化していた（Lancaster 1816, p.42）。

サボーディネイト・モニター
1．クラス・モニター
2．アシスタントまたはインスペクト・モニター
3．読み方のモニター
4．計算のモニター
ジェネラル・モニター
1．秩序維持のジェネラル・モニター
2．読み方のジェネラル・モニター
3．計算のジェネラル・モニター

ジェネラル・モニターは主としてシステムの秩序維持を担い、直接に教授活動を行ったのはサボーディネイト・モニターであった。ジェネラル・モニターは、さらに命令権力の配分に応じて、権限の上では最高位に位置する秩序維持のジェネラル・モニター、ついで読み方のジェネラル・モニターと、計算のジェネラル・モニターとに分けられた。またサボーディネイト・モニターも、読み方と計算とに分類されており、さらにそれぞれクラスや班ごとに分けられ、教科の段階別分類、生徒の能力別分類と対応させられる。

伝統的学校は、一つの教場しか持たなかった。モニトリアル・システムもまた、伝統的学校と同様、一つの教場しか備えていない。しかしここでの教場は、徹底的に分類され、それぞれの場所が機能別に特化されており、伝統的学校の雑然とした教場空間とはまったく異なっていた。マスターが座

るプラットフォーム、生徒が座る椅子と机、モニターが待機すべき位置、書き取りによる教授が行われる場所、読み方と質問による教授が行われる場所、教材を吊るす壁の位置、教具を収納すべき場所、さらには生徒がスレートを吊るす位置が詳細に定められている。生徒が座る机やステーションは、能力別に序列化された生徒の分類に対応させられている。学習する場所をその都度定めていたのでは、時間の無駄と混乱の発生は避け難くなるからである。

時間についてみよう。多数の教科が存在してはいなかったので、今日のような細かな時間割は備えていなかった。しかし、午前中三時間、午後三時間と授業時間が決められていた。例えば午前の場合、まず一五分間出欠がとられ、その後の三〇分、ステーションでの読み方と質問による授業が行われ、次いで机について書き取りによる教授が行われた。全体は、マスターや秩序維持のジェネラル・モニターの号令で一斉に行動するから、どの学級の授業も同一時間内に終わるように内容が定量化され、全体で同一行動がとれるように、共時化されていた。さらに内容が段階化されているために、時間の経過に従って、業務が着実に遂行されるように配慮されていた。そこではすでに、流れ作業の原理を採用していたということができる。近代の巨大化したシステムが破綻《はたん》なく機能するためには、「共通の計量化された時間の中」に多くの人間を入れ込まねばならない（真木、二五九頁）。この原理はすでに、モニトリアル・システムの中に導入されていた。

教授活動のパッケージ化

分業制を敷いたことは何を意味するか。それは教えるモニターを分類して分業化したにとどまらず、すべての教授活動に必要な項目を分類し、そして時間の経過と共に、流れ作業によって教授活動が進行するよう設計された、合理的な装置を作り上げていたということである。

こうして伝統的学校とはまったく異質な光景を生みだした。伝統的学校が分類という作業が施されていない、雑然とした世界であるとすれば、このモニトリアル・システムとは、分類され、物が整然と並べ立てられ、メリハリのついた世界であった。

空間は整然と分割され、整備されていた。クラスの段階順に並べられた机や椅子、固定化された学習する場所、壁に順に掛けられた教材等、整理された空間は、制御工学的に見れば、事前制御の世界であった。このような、教授活動に必要なすべての項目が変化することなく一定に保たれた事前制御の世界の出現は、単純な反復作業を可能にする。ランカスターが目指した、「秩序と教授のシステムの単純化」は、このような制御システムの存在を前提として成立するものであった。

ここで効率的教授活動を目指したモニトリアル・システムにおけるクラスの意味が明らかとなる。それはモニターでも担いうるように、教授活動を単純化したものであった。また同時に、効率化のために業務の一括処理法を実現させたということであった。

現代社会のサービスではいくつかの異なる項目を事前に分類して整え、それらをセットとして一括りにし、パッケージとして単純化して供給することが、効率的経営の不可欠の作業となっている。私たちの生活はパック化されたり、セットとして組み立てられたりした商品やサービスで囲まれている。この現代を支配する原理が、すでに二〇〇年前に開発されたモニトリアル・システムにおいて、クラスという形で登場していた。

このシステムは、多くの批判者が指摘したとおり、機械的丸暗記の、あるいは詰め込みの教育を展開したことは疑いない。しかしこのような批判者の大きな欠陥は、詰め込み教育の背後に、教授活動をパッケージ化するための、複雑なテクノロジーが含まれていたことを見過ごした点にある。当然これらの批判者は、事前制御という作業が教授活動に加えられていることにも、目を向けなかった。詰め込み教育は、周到なる準備なしには成立しえない。

2. 分業化で限界に達した教場

伝統的教師の消失

モニター間の分業は水平的であったが、分業制はさらに垂直的にも進行した。すなわち教授活動は、全体企画を練ってモニターの監督を担うランカスター自身と、規律に従って単純労働を担うモニターの間に分割された。

専門化し、細分化されたモニターの活動は、教師（マスター）が全体を管理することによってようやく意味を持つ。何を、どのクラスで、どの時間と場所で教えるか、モニターに決定権はなく、すべて管理者としての教師の計画と命令に従って行動しなければならない。ここで教師のあり方に決定的な転換が生じた。すなわち伝統的教師像は解体されてしまい、管理し、計画を練る人間と、計画に従って教えることのみに専念する人間とに分解され、何についても自己決定しうる伝統的教師はここでは消失したのであった。

よく知られているように、このような企画・設計機能と作業機能の分離という垂直的分業化による自動車の大量生産を二〇世紀初頭に始めたのが、フォード・システムであった。しかし、それより一〇〇年も以前に、教授活動においてこの垂直的分業が実現していたのであった。自動車の生産においては、手作りの自動車生産に欠くことのできなかった熟練労働は不要となり、大部分を単純労働にゆだねることで、製品はでき上がるようになった。

熟練労働者の場合、自分で注文を受け、設計をし、材料を購入し、組み立て、値段を決めて販売するというオールラウンドの作業を担うために、仕事の全体像を自分で十分に理解することができる。しかし、労働が細分化され、一面的な単純労働へと変えられると、労働者には、自分が担っている作業の意味、全体の中での位置づけを十分に理解することはできなくなる。分業制の下での労働は、管理者や設計者の指示に従い、マニュアルに沿って行われざるを得なくなる。

モニターは単純労働の従事者として、監督する教師の指示とマニュアルに従って教える以外にはない。このように、モニターの役割配分を明確にし、作業の単純化をはかり、なおかつ教師の監督とマニュアルの規定に従わせることで、役割遂行における混乱要因を排除することができ、教授活動の効率化が実現した。

フォード・システムは、労働者の労働規律への服従をより強化した。特にベルトが動き出した瞬間から、全員が一斉に作業に従事せねばならない労働現場では、全労働者の時間の遵守は組織にとって死活問題となった。そしてこのシステムは、映画『モダン・タイムス』に描かれた組織の歯車としての人間像を生み出した。しかしこのような人間類型は、すでにこのモニトリアル・システムの中で出現していた。モニターもまた、流れ作業としてシステムが動く限り、忠実な規律の遵守者とならねばならない。モニトリアル・システムがフーコーの規律権力論の典型的例としてあげられるのは、このような垂直的分業が学校の中に進行していたからであった。

一人の教師がせいぜい複数の助手を雇って教授が行われていたオールドシステムに対し、モニトリアル・システムは分業制を導入した。この点にこそ、このシステムの最大の特徴があり、それは効率的業務遂行には不可欠のことであった。バーナードはこのことを鋭くみてとったが、後のモニトリアル・システム批判者は、教授活動に分業制が浸透したことを見いだしえなかった。

マクドナルドのチェーン・システム

このモニトリアル・システムの分業制を、生産分野から離れ、現代社会において巨大な力を発揮しているサービス業として検討すると、また新たな特徴が浮かび上がってくる。サービス業界における分業制という角度からモニトリアル・システムの構造をみると、次のようになる。

①　教授活動における経営・企画機能と作業機能との分離が生まれた。
②　3R's の伝達という限定されたサービスの提供が行われている。
③　モニターという、代替可能かつ安価なスタッフによって、サービス供給がなされる。
④　モニターの規律化とマニュアル化による単純作業のサービスが提供される。
⑤　サービスを受ける顧客としての生徒の徹底的規律化が進行する。

現代社会の典型的サービス業として、二〇世紀後半に急速に普及したファースト・フードのチェーン・システムをあげることができる。一九三七年アメリカはロサンゼルス近郊にハンバーガーのレストランを開設して、その後巨大なチェーン・システムとなったマクドナルド兄弟の一号店は、原理的にはモニトリアル・システムと完全に同じであった。

マクドナルド兄弟は熟練労働者としてのコックによる複雑な調理活動を、初心者（アルバイト）の単純な反復作業に変え、ハンバーグを焼くだけの「グリル・マン」、ミルクシェイクをつくるだけの「シェイク・マン」、フレンチフライを揚げることに専念する「フライ・マン」、調味料を塗るのと包装を受け持つ「ドレッサー」、窓口で注文を受けること以外は何もしない「カウンター・マン」という分業制をレストラン経営に導入した（ラブ、二九頁）。すなわち、「史上初めて、工場の組立ラインの原理が、飲食店の調理場に持ち込まれた。工程を分けたことで、ひとりの人間に、ただひとつの作業を教えるだけですんだ」（シュローサー、三一頁）のである。

さらに、レストランとして客に出すメニューを徹底的にしぼり込み、時間を節約するために、客の要望には応えずに、決まった規格のハンバーガーのみを出した。そしてこのような店を考案した兄弟は経営者として、直接料理を作る仕事からは手を引いた。このチェーン・システムの組織的特徴を指摘すると、次のようになる。

① 企業活動の経営・企画機能（部門）と作業機能（部門）との分化が生まれた。
② ハンバーガーという限定された商品の提供を行った。
③ アルバイトという代替可能かつ安価なスタッフの利用によって、サービスを提供した。
④ 従業員の規律化とマニュアルによる限定的役割遂行によって、サービスを提供した。
⑤ 顧客を規律化してセルフサービスを担わせ、客の好みという個別的要求を無視するサービスを提供した。

二〇世紀後半の経営を代表する組織、マクドナルドの第一号の店と、一九世紀初頭に出現したランカスターのモニトリアル・システムとは、サービスの大量供給システムの開発という点で、完全に同形の組織として成立したのである。

パッケージ化で現場は単純化

サービス業への分業制の導入としてモニトリアル・システムをみた時、また新たな姿がクローズアップされてくる。それはこれまで個々の顧客に対応してきた教授活動が、セットとして組み合わせられ、パッケージとして提供されるということである。平たくいえば、顧客の個別の要求は無視して、画一的なサービスを提供し始めた。典型的には、それらはファースト・フード店におけるセットメニューであったり、旅行業界におけるパックツアーであったりする。

大量の顧客を相手にサービスや行政を展開するためには、顧客の好みや個別的事情を無視して、一括処理方式を採用せざるをえない。それぞれのパッケージを構成する基準、すなわち区間制、累進制、罰金制、あるいは従量制のような制度の分類基準、価格はすべて、国家機構や会社の本部で決定され、現場における決定、すなわち裁量権は認められていない。このようなパッケージが設定されることによって、はじめて現場の単純作業が可能となる。

モニトリアル・システムが始めた経営企画機能と作業機能の分離という垂直的分業化は、現場作業の単純化、効率化を、パッケージによる一括処理方式で実現可能としたのであった。クラスはこのサービスのパッケージ化の産物として生まれた。したがってそれは人間が教える学校ではなく、システムが教育を提供する学校となった。具体的には学校は、クラスというパッケージを通じて一括した教育サービスを提供する組織となったのである。クラス制を採用し、時間どおりに動くこの学校は、顧客としての生徒の好みやリズムを無視して成立する学校であった。モニターの行動が流れ作業の中で規律化され、個人の判断で動くことは許されないだけではなく、顧客としての生徒もまたこの流れ作業の中に投げ込まれ、規律化されたのである。

ランカスターの悲劇と内外学校協会の誕生

ルソーやペスタロッチのような人物に比べれば、教授活動の中に分業制を持ち込み、クラスを持つ学校を作ったランカスターやベルの名前は、あまりにもマイナーな存在である。そして、そのシステムの卓越性によって国王への拝謁《はいえつ》まで許されたランカスターは、最後はアメリカへ追放され、ニューヨークの六番街で馬車にはねられ、非業の最期を遂げた。このような経過を、彼の浪費癖、人気への溺れ、家族の問題に関連づけたり、そして近年では躁うつ病ではなかったかという説が生まれるほど、個人の問題に帰する議論が続けられてきた（Taylor, p.93）。個人的問題がさまざまに影を落としていることは事実であろうが、彼の栄光と挫折は、この分業制の導入という問題に帰着する。

ランカスターの学校は、彼が計画したように運営すれば、簡単に開校できる学校であった。すなわち今日みることのできるチェーン・システムの店舗は、施設の設計がみな同じであり、すぐに建設できる。アルバイトを集め、すでに存在するノウハウに従ってサービスを提供すれば、これもまたすぐに営業を開始しうるのである。同様に、モニトリアル・システムも、モニターを訓練しさえすれば、どこでも学校を簡単に開きうるようになった。

ランカスターの学校には多くの見学者が集まり、また彼はイギリスの各地へと招待され、豪勢な四頭立ての馬車で長期の講演旅行をして回り、モニトリアル・システムの普及へと乗り出した。最初は王族や貴族から寄付金が集まったが、国教会側からのランカスターのシステムへの批判運動が強化されると、次第に彼らは援助の手を引き始めた。各地に学校を建てた当然の結果として多額の費用がかさみ、借金を抱え込み、挙げ句の果てには詐欺まがいのことで投獄されてしまった。

ランカスターの事業の意義を理解した人々は、五〇〇〇ポンド以上の借金を抱えていた彼を苦境から救うために、一八〇八年一月に支援委員会を作り、モニトリアル・システムの再出発を図っていった。彼らはいずれも、クウェーカーやバプティストという、熱心な非国教会派の信者であり、とりわけ貧民の教育に強い関心を持った人々であった。さらにその後も、ベッドフォード公爵を会長とする委員会へと組織を拡大し、これらの委員会の資金援助を受けながら、ランカスターはシステムの普及活動で、各地を講演して回った。

一八一二年に借金の肩代わりをする代わりに、バラロード校は委員会に譲渡され、ランカスターは事実上この学校の運営から排除され、もっぱら宣伝活動に専念する。一八一三年には、一応ランカスターを年俸四〇〇ポンドの総裁に据え、憲章と規則を備えた組織を結成し、「英国王立ランカスター式学校普及協会（The Society for Promoting the Royal British and Lancasterian System）」という名称の団体が設立された。この間、バラロードを中心とする既存の学校の運営は、事実上この協会が担うこととなっていった。

だがランカスターは、協会に無断で寄宿制学校を作り、借金を増やしてしまい、委員会との間にさまざまな軋轢《あつれき》を生んだ。彼の借金癖は解消されず、一八一四年に協会から追放され、一八一九年に渡航費を渡されてアメリカへと追いやられた。

一八一四年に協会は、数度にわたる名称の変更の後、ランカスターの名前がつかない「内外学校協会（The British and Foreign School Society）」という名称を決定し、その後二〇世紀に入るまで、この名称による団体を存続させた。ランカスターの個人的事業を支援するために作られた支援委員会が、最後には「内外学校協会」という教育を担う組織へと発展したのである。

マニュアル整備と教員養成

内外学校協会はバラロード校を本部とし、学校運営の基本方針やマニュアルを作成し、同一のシステムとして駆動する学校網を、イギリス全土に張り巡らした。これらの学校は、ランカスターが実現した合理的教授法をそのまま採用した。しかしそれは、教場内分業として展開したのではなく、ロンドンの本部の指示で動く、壮大なチェーン・システムとして展開したのである。

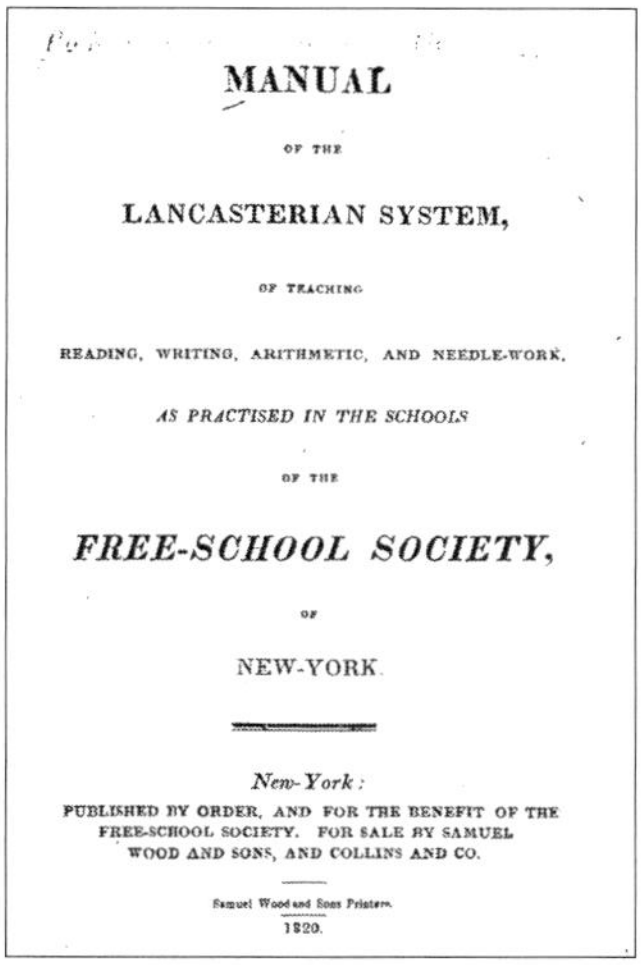
MANUAL
OF THE
LANCASTERIAN SYSTEM,
OF TEACHING
READING, WRITING, ARITHMETIC, AND NEEDLE-WORK,
AS PRACTISED IN THE SCHOOLS
OF THE
FREE-SCHOOL SOCIETY,
OF
NEW-YORK.
New-York:
PUBLISHED BY ORDER, AND FOR THE BENEFIT OF THE FREE-SCHOOL SOCIETY. FOR SALE BY SAMUEL WOOD AND SONS, AND COLLINS AND CO.
Samuel Wood and Sons Printers.
1820.

図2-8　ニューヨーク版マニュアル（ハーバード大学図書館蔵）

内外学校協会は一八一四年に組織の運営管理規則を制定し、総会を開催して組織の整備を行い、公的な組織へと発展していった。そして毎年五月に寄付者の総会を開催し、前年度の会計の監査、運営委員や会計監査等の役員の選出、行動方針の決定を行うこととした。そして総会で選出された運営委員会を毎月開催し、協会運営の実務を担当することとした。その性質はあくまでも財源を個人の寄付に仰ぐボランタリーな民間団体、すなわちNGOであった。だが実質的には公的資金によって運営される公的、そしてまた合理的組織として成立したのである。協会は各学校を動かしていくための本部の体制を整備し、組織として学校の普及のための数々の活動を展開した（Binn, pp.72-76）。

まず、一八一六年以来、数度にわたって協会としてマニュアルを発行し、詳細な学校施設の配置図、教育内容の段階的区分の仕方、クラス編成の仕方、モニターの役割、配置などについて、細かな説明を加えた。このマニュアルは直ちに外国へと輸出され、ニューヨーク版、フランス版などとして現地で発行されてもいる（図2－8）。ランカスター自身、数回にわたってマニュアルを発行し、学校の普及のための努力を重ねていた。協会はそのマニュアルにさらなる改良を加えていったのである。二〇世紀後半は、マニュアルが一般化した時代であるが、すでに一九世紀の初頭から、実務活動のマニュアルによる制御が、この教授活動という場面において実現していたのである。

モニターを使った学校を比較的簡単に設立することが可能となったとしても、どこでも直ちに有能なモニターを確保しえたわけではなかった。したがって学校数の増加に応じて、十分にモニターが確保されるためには、モニターをあらかじめ養成しておく必要があった。内外学校協会は、バラロード校をモデル校とし、ここにモニター養成機能を担わせることとなった。こうしてバラロード校は、事実上の最初の教員養成機関となり、それは現在のブルネル大学教育学部へと受け継がれている。

国教会派による国民協会の結成

国教会派は、ランカスターの学校の名声に驚き、あわててすでに引退しているベルを宗教的争いの前面に引きずりだして、自派の学校の普及を開始した。そして内外学校協会が組織されるよりも早く、一八一一年に国民協会（National Society）を結成し、組織的に学校の普及へと乗り出した。内外学校協会の成立は、この国民協会の結成に刺激されてのことであった。

この国民協会もまた、内外学校協会と同様に、その傘下に多くの学校を抱え込み、チェーン・システムとして学校を作り上げていった。しかし基本的に二つの陣営は、宗教教育に対する態度において根本的に異なっていた。クウェーカーやバプティストのようなプロテスタント系の宗派の人々によって形成された内外学校協会は、非宗派主義（non-denominational）を組織結成の当初からスローガンとして掲げていた。しかし国教会派にとっては、このスローガンは容認することができなかった。非宗派主義は、宗教的無関心を招来し、挙げ句には無神論の培養基になってしまうのではないかと国教会側は恐れ、自派の教義による教育活動に拍車をかけることとなった。

設立年代	国民協会・国教会	内外学校協会
1801年以前	709	16
1801-1811	350	28
1811-1821	750	77
1821-1831	897	45
1831-1841	2002	191
1841-1851	3448	449

表2-2　国民協会及び国教会と内外学校協会の学校数（1851年国勢調査に基づきカバリーが作成した表から抜粋）

この両陣営の違いはなんであったか。バーナード卿は、ベルのシステムを「ニューシステム」としてその画期的性格を絶賛した。確かに分業制を敷いて、教授活動を展開した点ではそうであった。しかし伝統的学校が持っていた宗教との緊密な関係は、この国教会の学校では断ち切られていなかった。国民協会の学校の使命は、何よりも国教会の教義を教えることにあった。国民協会の学校はしたがって、教区教会に付属して作られるケースが多かったし、学校の始業時には、かならず聖書の朗読が行われた。さらに多くの学校が、日曜日の教会での礼拝への出席を求めた。

王政復古以来イギリス社会に君臨してきた国教会の後ろ盾によ

り、国民協会の学校は、数の面において優位な立場で普及していった（表2－2）。しかし逆に、国民協会は国教会の教会組織から完全に自立した活動を展開することができず、また国教会の教義の忠実な伝達に強固にこだわり続けた。特に、学校の維持は教区の聖職者一人の努力に任されたきりになってしまい、経済的苦しさに直面していた。これに対し内外学校協会は、比較的裕福な層を顧客としたために、相対的に安定した経営を営むことができた（Birchenough, pp.323-324）。優位に立つ国民協会を相手にせねばならなかったことと、ランカスター追放後の一時期の混乱もあり、内外学校協会は逆に危機意識をつのらせ、組織運営に合理性をもたらしたということができる。

限界に達した教場

しかしこのモニトリアル・システムにも限界はあった。ここで生じた問題は三つある。第一に、3R's以外に、地理、歴史、自然哲学、音楽、体育等の多様な教科が徐々に学校へと取り込まれ、また国教会の学校を中心として、宗教教育や道徳教育も依然として重要な位置を占めていた。これら多様な教科を教えるには、モニターでは無理であった。

第二に、一つの教場内に多くのクラスが存在し、同時並行的に授業が行われることから生じた騒音問題が深刻化していた。すなわち、それぞれのクラスにおいて、モニターは個々の生徒に質問を与え、解答させるという方法で行われるために、モニトリアル・システムにおける教場とは、騒音に満ちた空間であった。「正常な教授活動に何らかの騒動が加わるとたちまち教場は騒然とした状況となり、授業を行うことが困難となる」という報告が、数多く寄せられるようになってきた（Birchenough, p.335）。もはや一つの教場の中で単に生徒をグルーピングするのみの大量教育方式では、物理的に難しくなっていた。

　第三に、規律と権威のみによる秩序の下では、生徒の授業への関心を維持するのは困難であった。教師の没人格的な権威と規律、そして後で詳しく述べるが、競争と賞罰制度によってのみ成立する教授活動は、生徒の学習意欲を喚起するという点では限界に達していた。意欲喪失、中途での就学の放棄、そして低学力という問題をなくすことはできなかった。新たに、教師と生徒の間の密接な関係を備えた教授法の開発が待たれていた。

　分業制による複雑なシステムを、教場という一つの空間のみで維持することが、もはや限界に達しており、早晩、新たな形式で生徒を掌握するための方法が開発されねばならない時期にきていたのである。それは、部分的な改革で解決できる問題ではなかった。

　一九世紀の初めから教授活動の分業化を促進し、巨大な全国組織にまでそのネットを拡大してきた内外学校協会や国民協会が、自らこのような問題への解決策を追求していったわけではなかった。むしろひとたび確立した組織の常として、自己存続のために、きわめて保守的な性格を帯びてしまい、改革意欲を喪失してしまう。内部からの改革ではなく、外部からの強烈な衝撃にさらされることによって、あるいは経営者の電撃的交代によって、組織はようやく新たな段階へと上っていく。

第三章
義務教育制度の実現

ストウの教師訓練学校　１階が幼児学校、２階が少年学校。校舎の左右がそれぞれの遊技場となっている（Stow, *The Training System* より）

1. 一斉教授方式の導入

教育は民営か国営か

イギリスの義務教育制度が施行されるまでは、内外学校協会と国民協会という二つの民間団体の間で、宗教教育をめぐる抗争が続いた。国家が義務教育制度を実施する場合、宗教教育をいずれの団体の側の方針に沿って行うのか、激しい対立が続いたのである。そして多くの場合の結論は、「民間のボランタリーな選択にゆだねる」という結果となり、国家による教育制度の運営の試みは幾度となく挫折した。

しかし、宗教教育をどの団体の方針にするかという問題から一歩離れてみると、民営化でも、そして国営化でも、いずれもチェーン・システムとして活動を展開している組織によるサービスの提供であることに変わりはないことがわかる。いわば二つの団体が全国規模の組織活動として展開していることを共通の基盤としながら、民営化か国営化かという論争が展開されたのである。

このような意味で、ボランタリーの団体による教育と、国家が介入することによって始められた教育がまったく異質であるということはありえない。国家による義務教育制度として具体化された生徒の組織化の技術、そして全体機構の運営は、この民間団体がすでに備えていたのである。国家はそれらの技術を巧みに利用することによって、最終的に義務教育制度を発足させた。この限りにおいて、ボランタリズムと国家介入とは対立的ではなく、経営合理化という同一の基盤に乗っていたのである。

補助金で結ばれた国家と学校

一八三三年に、国家ははじめて大蔵省補助金という形で、学校建築費の半額を国庫により補助し始めた。これがイギリスの教育史上有名ないわゆる「教育への国家介入」の始まりである。しかしこの当時、国家は自前の国立の学校を持たなかったし、民間の学校についてはまったく掌握していなかった。まだ行政機関も存在せず、大蔵省からの費用の支出が、国会によって承認されただけであった。こうして大蔵省の補助金という、きわめて曖昧《あいまい》な形で国家介入は開始された。いわばトップの教育行政機構が未整備なままに、国家と学校が補助金という細い糸で結合されることとなったのである。

このような背景があったので、大蔵省というトップと、ボトムにあるそれぞれの学校とが結びつけられるためには、既存の組織を利用する以外に手はなかった。結局、内外学校協会と国民協会は、国家が現場の学校を自らの手で掌握するまで、中央から地方の学校へ補助金を注ぎ込むパイプとして、重要な役割を果たし続けたのである。

一八三三年の大蔵省の学校建築への補助金は、学校を作ろうとする当事者の申請と、半額自己負担という要件を満たすだけで、二つの団体を通じて支給された。換言すれば、この二つの団体の傘下に入らない限り、学校建築の申請はできなかった。こうして、民間の団体が作り上げた組織化のテクノロジーが逆に国家の中に浸透するきっかけが作られた。

この二つの協会から独立して、大蔵省が直接に補助金を支給し始めたのはようやく六年後の一八三九年に枢密院（Privy Council）に教育委員会（Committee of the Council on Education）が設置されてからのことであった。この委員会が補助金を管理し、内外学校協会と国民協会の手を通さず、直接学校設置者が委員会と交渉することとなった。組織の頂点における執行機関が姿を現し、国家の組織がようやく形作られ始めたのであった。

ケイ・シャトルワース、教育委員会事務局長に就任

ここに専門的に教育に対して責任を持つ政府部局がはじめて成立したのであり、その初代事務局長に、幼児学校運動の推進者S・ウイルダースピン（Wilderspin）やD・ストウ（Stow）の影響をうけて貧民教育に従事していた、J・ケイ・シャトルワース（Shuttleworth）が就任した。彼の就任によって、学校現場が守らねばならない各種の国家基準の制定が始まる。それはまず学校建築を軸とする各種の基準の設定、そしてその監督体制の整備という順で進んでいった。

一八三九年、できたばかりの枢密院教育委員会は細かな指示を与え始め、この時から補助金の申請は、学校建築計画者が直接教育委員会に申請することとなった。そして補助金の使途について、査察をすることを明言した。こうして自前の申請受理と査察を実行するようになり、既存の二団体の協力を必要としなくなったかにみえる。しかし建築基準を定めるに際し、内外学校協会や国民協会が定めていた規定をそのまま踏襲し、生徒一人当たりの建築基準面積を最低六平方フィートとした。また両団体は、依然として自分たちの学校建築のための補助金を申請した（Seaborne, p.198）。

一八四〇年、枢密院教育委員会は学校建築計画覚え書きを出し、国民協会と内外学校協会発行のマニュアルによって推薦されたレイアウトについて説明を加えた。すなわち教授法としてモニトリアル・システムが容認され、その教場が学校建築の基準として推薦された（Seaborne, p.199）。こうし

図3-1　オーエンの幼児学校（ニューラナーク保全財団の資料より）

て、教育への国家の関与が始まったが、最初は補助金支給のルート、そして学校建築基準の設定という重要な点で、内外学校協会と国民協会という既存の民間団体の組織に依存して、国家は学校現場と結びついていたのであった。

しかしこの覚え書きでは、モニトリアル・システムとは別に、ウイルダースピンやストウによって開発された一斉教授方式と、それに対応した教場の配置をも同時に推薦していた。枢密院教育委員会、そしてケイ・シャトルワースも、モニトリアル・システムを校舎建築のモデルとして推奨しつつも、他方ではまったく異なった教授方式を採用することを薦めていたのである。

ギャラリー方式の一斉教授の誕生

モニトリアル・システムが全国に広まりつつあった当時のイギリスに、新たな形態の学校が出現していた。すなわち、就労で乳児を育てる暇のない母親のための幼児学校（infant school）がそれである。

産業革命の進行は、貧困階級における児童労働を一般化したのみならず、婦人労働をも普及させた。当然のことながら、乳児を抱える母親も、生活のためには労働せざるをえず、幼児の保育の問題が当時緊急な社会的課題として浮上していた。

スコットランドのニューラナークの紡績工場の経営者であり、なおかつ空想的社会主義者として有名なR・オーエン（Owen）は、この問題の解決のために、自分の工場に幼児学校を開設した（図3－1）。オーエンはモニトリアル・システムの支援者であり、当初はこのシステムによる教授活動を試みた。しかし三～五歳の幼児はモニターとして教えるには、能力においても、そしてまた規律の維持という面においても、不可能なことであった。このような事情から、オーエンは態度を一変し、モニトリアル・システムの批判者へと転じたのであった（オーエン、九六～九七頁）。

オーエンの弟子、ウイルダースピンは、ロンドンの貧民街で増加する幼児を相手に教授を展開することを模索し、遊戯活動や音楽を取り入れ、またペスタロッチと同じように、事物教育、つまり具体的な物や絵を見せる教育活動を試みた。このような活動は、伝統的教場とも、そしてまたモニトリアル・システムとも異質な教場の編成を必要としていた（Stewart and McCann, pp.256-258）。

それはギャラリー方式という新たな教授法の開発であり、また新たな教場編成原理の登場であった。ギャラリーとは今日の階段教室と似たものであり、図3－2のような階段状に机が並べられ、数十人の生徒が教師の方を向く一斉教授形態が試みられた。ここにはじめて一人の教師が多くの生徒と向かい合う、対面方式の教授場面が成立した。教師は一度にすべての生徒を見渡すことが可能となり、生徒もまた他の仲間の行動を見ながら、同時に学習を進めていくことができるようになった。

反モニトリアル・システムの動きは、モニターによる教授を批判し、一斉教授という教師による新たな方式を開発することとなった。そしてこの試みは、ウイルダースピンの影響を受けたグラスゴー

図3-2　ウイルダースピンのギャラリー方式の授業（ハミルトン『学校教育の理論に向けて』より）

の商人、ストウによって、六歳以上の、すなわち従来モニトリアル・システムが対象としてきた生徒たちを相手にする少年学校（juvenile school）で試みられ、成果を収める（Stow 1836）。初等教育への一斉授業の適用の試みがこのようにして産声をあげたのである。

一斉教授はまた、生徒のグルーピングの基準をめぐる新たな問題を鮮明にし始めた。モニトリアル・システムは、個々の生徒へ命令や質問がくだされ、生徒がそれぞれ個別に応答することを基本に構成された教授活動であった。そしてクラスの進級も、個人ごとに判定される等級制を採用していた。この段階でのクラスは単なる同一能力の生徒の集合に過ぎず、クラスとしての凝集性を持つ集団形成はなされなかった。一〇人前後の同一能力の生徒をグルーピングし、同一内容の読み方や計算を教えるという意味で効率化されていたとはいえ、この授業方式はまだ個別教授の範疇《はんちゅう》にとどまるものであった。

これに対し、ウイルダースピンやストウによって発展させられたギャラリー方式の教授では、生徒間の相互作用が強調された。また運動や唱歌を通じて、生徒相互の身体的一体性を生じさせるための試みが開始されていた。このような集団性の強調は、集団編成原理として、年齢的均質化を促す。ウイルダースピンやストウがこのようなギャラリーによる一斉授業を開発する背景には、すでにイギリスの大学の中で、このような試みがなされていたことがある（A・スミスのグラスゴー大学時代の経験を通じて、共感という考え方が、学習集団の中に自覚され、積極的に活用されていたという〈ハミルトン、一〇〇頁〉）。

限界に達したモニトリアル・システムの教場

枢密院教育委員会は一八四五年と一八五一年の二度にわたって、学校建築のためのモデルを提示した。それは徐々に、モニトリアル・システムによる教授法の比重が低下し、一斉授業をベースとしたクラス形成へ動きだしたことを物語っている。すでに述べたように、一八四〇年枢密院教育委員会は、学校建築計画覚え書きを発行した。そこでは、モニトリアル・システムによる教授法と、幼児学校運動の中で形成されてきた一斉教授法とが併記され、教場のモデルとして提案されていた。

一八四五年、枢密院教育委員会は新しいプランを発表し、国民協会と内外学校協会の規定を尊重し、補助金の対象となる学校が遵守すべき基準面積を、生徒一人当たり六平方フィートとした（Seaborne, p.140）。教育委員会の基本姿勢は、一斉授業へと傾いていたとされるが、従来大きな勢力を維持してきた内外学校協会と国民協会の授業方式を、いまだに無視することはできなかった。

しかし、一八五一年の教育委員会覚え書きにおいて、予備的意見という但し書きを添付しながら、教場について明確な方針を打ち出した。ここでは、クラスの空間的独立性が強調されている。モニトリアル・システムは、分業制の進展に伴って空間内の機能的分離を導入した。しかしそれはマスターとジェネラル・モニターがすべてを見渡し、モニターの動きを監視することのできるものでなければならなかった。ウイルダースピンの一斉授業においても、この全体に対する可視性は保持されている。しかし枢密院教育委員会が提案した新たなプランでは、各クラスの独立性が強調され、教師が自己のクラスに集中する必要があることを力説している。それは必然的にクラスの空間的分離をもたらすこととなる（Seaborne, pp.207-208）。

この空間的分離は、逆にマスターによる全体の監視を困難にしてしまう。この時点での教師の多くは見習い教師や補助教師であり、独立してクラスを担当しうる力量を持った存在としてはまだ社会的に承認されていなかった。一八五一年の教育委員会覚え書きは、マスターによる全体の可視性と、教師による各クラスの独立性の保持という、相反する原理を内包した過渡的性格の学校建築案を提示しているのである。結局この建築プランは、カーテンにより区分されたクラスの配置と、マスターによる全体の掌握を可能とする長方形の空間構造を伴った学校建築案として具体化した。図3-3はその一例である。

一方、内外学校協会も、一斉授業方式を導入し、従来の教授

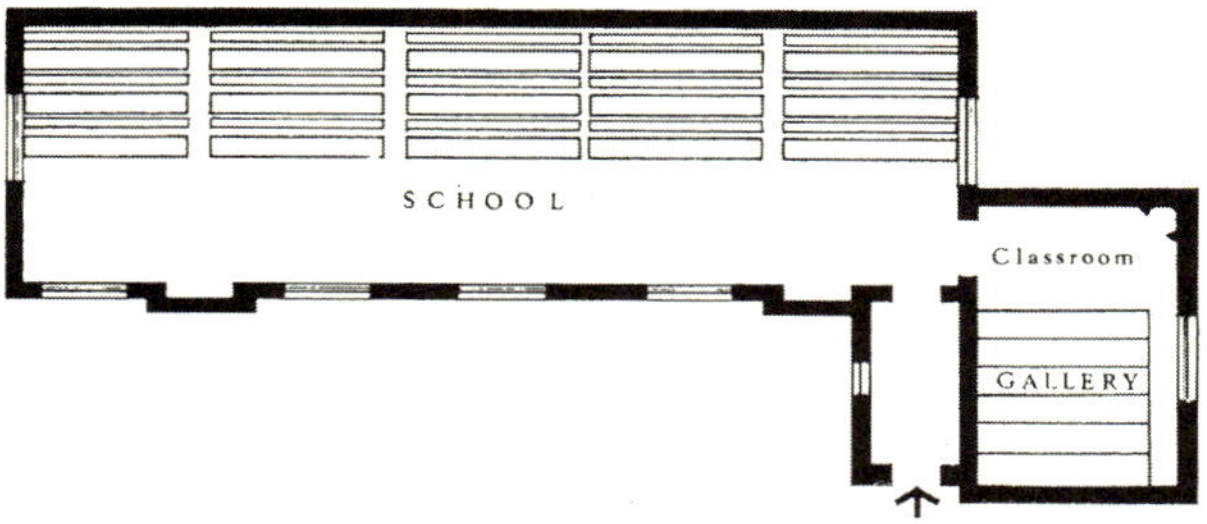

図3-3　教育局による、モニトリアル・システムとギャラリーの併存プラン　教師が、独立したクラスルームで授業をする見習い教師と机で教えるモニターを同時に監視できる空間配置（Seaborne, *The English School* より）

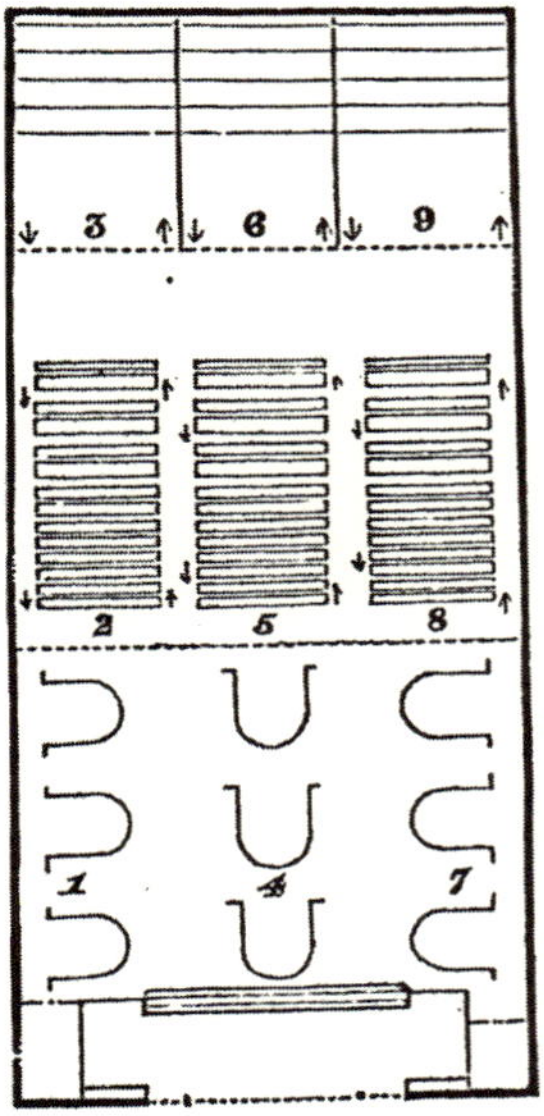

図3-4　内外学校協会による混合した教場配置
点線はカーテンを示しており、教場は３つに分割されている。３、６、９はギャラリー方式による学習、２、５、８は机での学習、１、４、７はステーションでの学習が行われる。
生徒は矢印に沿って、例えば１、２、３の間で移動し、横には移動しない
(British and Foreign School Society, *Handbook to the Borough Road Schools*より)

方式と同居させ、なおかつカーテンによって空間的な仕切りを行う図３－４のような独自な学校建築のプランを提案していた。こうして、義務教育制度開始前夜の学校における教場は、伝統的学校から近代的学校への移行期として、複雑な状況を示していた。あくまで伝統的教場という形式を保持しながら、その内部では分業制が進行し、空間編成の複合化が進行していった。それは一方ではモニトリアル・システムによる編成、そして他方では一斉授業方式による編成という、相異なる編成原理の混合状態を示すこととなる。

双方の仕組みはいずれも大量教育を模索する中で開発されてきたものであった。しかし、個別教授を原則として中世以来綿々と存続してきた教場という狭い枠の中で、これらの異なる方式を共存させることはできなくなっていた。

国家による監督官制度の始まり

一八四〇年、学校建築とは別に、国庫補助の使途を調査するための監督官制度が設けられた。それ

は工場監督官制度にならったものであり（Musgrave, p.22）、国庫補助金が正当に使用されているかどうかを視察し、さらに学校の管理、規律、教授方法などについての視察、改善のための助言をするという役割を担っていた。しかしいまだ国家には、この人材を自前で調達することはできなかった。ここでもまた、監督官の推薦母体を既存の二つの団体に求めたのである。すでに内外学校協会は一八二三年に、協会所属の学校の経理状態と教育の実情を調べるために、巡回監督（travelling agent）制度を導入し、監督員を任命していたが、それが国家制度へと導入されたのである（Binn, p.104）。

枢密院教育委員会という暫定的に開設された国家機関においてであれ、そして学校建築への補助という限定された領域であれ、はじめて国家基準が制定され、監督官制度による規律や教授法に対する監視体制が生まれたことは、国家が直接現場の学校を統制し始めたことを意味する。トップが制定した基準で、ボトムすなわち現場が動くという仕組みは、すでに内外学校協会においても、そして国民協会においても実現されていたことであった。この仕組みが生徒一人当たりの基準面積として、国家政策の中に入り込んできたのであった。

分業制によってもたらされたトップとボトムの一体性を保持するというチェーン・システムの経営原理が、着実に国家行政の中に浸透しつつあった。逆にいえば、国家による教育行政もまた、すでに二つの団体の中に浸透していたこの分業制を前提にして機能することとなったのである。この基準によって現場の学校が動く体制が作られたことは、画期的意味を持つこととなる。

見習い教師制度

分業制に立脚して教育行政が営まれるということは、いうまでもなくそれに見合った教師の確保が死活問題として浮上する。ケイ・シャトルワースの最大の関心は、有能な教師の確保にあった。すなわちギャラリーによる一斉授業方式を推進するためには、モニターに代わる正規の教師を養成する必要があったのである。彼は、事務局長に就任すると矢継ぎ早に師範学校建築補助金の支給、教員用住宅、校具・教具への補助金の支給を始めた。

一八三八年に、有能な有給モニターの活動を見た経験から、貧民救済のために内務省の補助によってロンドンのノルウッドに作られた救貧学校において、一四歳の生徒を選抜し、有給の見習い教師として雇う試みを始めた。ここでの成功をもとに、深刻な教師不足を補うために、一八四六年、見習い教師制度（pupil-teacher system）を枢密院教育委員会の名において開始した。この制度は簡単にいえば、初等の学校を修了した一四歳から一七歳の生徒を見習い教師として雇用し、五年間の見習い期間を修了後、師範学校に進学させ、正規の教師を訓練しようとするものであった。

中央における基準の設定と、現場におけるその遵守というチェーン・システムの原理からみた場合のこの制度の特徴は、次の二点に要約することができる。

第一に、この見習い教師は、モニトリアル・システムの延長上にあったということである。多くの場合無給のモニターを利用することによって始まったモニトリアル・システムの中で、しばしば給料が払われたケースが存在した。デントが言うように、「有給のモニターから、見習い教師への変化は、単なる論理的ワンステップに過ぎない」（Dent, p.18）。すでにモニトリアル・システムの単なる丸暗記主義には、多くの批判が生まれていた。そしてギャラリー方式の一斉教授の出現は、この批判の声をさらに拡大し、それが新たな教授者像への模索となった。しかし次第に増加しつつあった民衆教育機関としての学校の需要に応えるためには、完全なる徒弟制度による教師の訓練では間に合わない。それは必然的に、従来の学校をリードしてきたモニトリアル・システムの改良、すなわち有給の見習い生として若年者を訓練することへと帰着したのであった。ケイ・シャトルワースはモニトリアル・システムに批判的であった。しかし彼の提案は、結局は分業制に立脚した教授システムに、モニターに代わって見習い生を当てたということに過ぎない。

第二に、この見習い教師制度実施に当たって、学校建築について、新たに学校現場が遵守すべき国家基準を設定し、監督官による査察を定めるという規定を伴っていた。それは二つの基準からなる。R・リッチの紹介によると、まず見習い教師を受け入れる学校を無条件に認めたのではなく、一定の基準をクリアーした学校にのみ認めたということである。それは校長あるいは女子校長が、見習い生を教育するだけの資格を持っていること、受け入れ学校の図書や設備が整っていること、規律が穏健で、秩序が保たれていること、五年間の見習い中、教師の給料が支払われ、また全体として学校の財政が良好であることなどである。

もう一つの基準とは、この見習い生を教師として認定するまでの条件を設定し、これもまた監督官による査定の対象とした。それは見習い教師候補者の読み方、書き方、計算そして地理、国教会の学校においては宗教的理解度など、学力についての細かな規定を設けた。そして、毎週教師から受ける訓練の時間数、毎年の訓練の進捗状況の点検、最終試験など、細部にわたって規定したのである(Rich, pp.119-120)。

こうした見習い教師制度は、モニトリアル・システムに代わり、新たに国家が制定した基準の下で現場の学校が動くように、監督官を使って統制する制度であった。学校施設の基準に加え、新たに教員の水準、教員養成における教育内容の水準を明記することで、チェーン・システムとしての内実を次第に整備し始めたのである。

モニトリアル・システムの終焉

モニトリアル・システムの下でモニターの養成を行ってきたバラロードの学校も、大きな変化を迫られた。内外学校協会はこの見習い教師制度を疑問視していたが、一八四七年の総会において受け入れを決定し、先に図3−4で見たような教場の改造に早速着手した。この時点で内外学校協会はモニトリアル・システムに終止符を打った（Bartle, p.28）。モニトリアル・システムはこのようにして国家の力で終焉に向かい、ギャラリー方式の一斉教授が国家の力によって普及させられていく。

さらに、このような教員政策は、見習い教師修了後の師範学校における訓練まで拡大していく。分業制は、単にトップによる基準の制定と、現場における基準に沿った業務遂行にとどまらず、教員養成機能をも分化させ、専門化させることによって、さらに拡大し、複雑化していくのである。ケイ・シャトルワースは、師範学校の建設費の負担に始まり、次々に教員養成のための具体策を実施していった。

しかしこの国家による基準の制定、多額の予算の配分による学校の水準の保持、そしてまた監督官による学校現場の諸活動の査定という一連の機構整備の進展が、そのまま効果的な行政の遂行を完全に保証するものではない。このようなシステムが正常に機能するためには、さらなる改変が必要であった。

2．国家介入による学級制の完成

明らかになった地域格差と教師の好みによる偏り

国家による補助金支給は、学校建築費のみにとどまったのではなかった。見習い教師制度に伴う費用、師範学校建築費、教師の年金の補填など、出費項目は増加し、政府予算内に占める教育費の比重は、一八六〇年代になると全国家予算の六分の一にも達していた。

クリミヤ戦争の負担で財政難にあえいでいた国家は、この教育への出費に対して、とりわけその効率性に関して注目し、調査を始めた。すなわち一八五八年、下院に調査のためのニューカッスル委員会が設置され、民衆教育の全体像把握のため、調査を行った。

この委員会は、教師の恣意《しい》的好みからもたらされる歪《ゆが》みと、補助金の効果がないことに、きわめて敏感であった。すなわち、有資格教師は、補助金を受けるような民衆の学校において、単なる3R's の教授では満足せず、より高いレベルのクラスでの授業を好み、低年齢あるいは低学力のレベルにおける授業に対して無関心であった。また低学力のクラスでは、早期に退学してしまう生徒が数多くいた。まともな読み書き能力も習得せずに中途退学をする生徒にこそ、補助金の効果が発揮されるはずであったのに、結果はそうではなかったのである（太田、五四〜五五頁）。

この問題はさらに地域格差の問題とも関連してくる。例えば学校建設の半額国庫負担が実現したとしても、学校を作ろうとする理事会が自分で残りの半額を準備しなければならない。この半額を準備することもできない貧しい農村部やスラム化した都市部にとっては、この国庫補助は有名無実のものであった。いわば、人口も少なく、また産業もなく、そして社会の底辺で暮らす人間が多い貧困な地域ほど、学校建設のための金を集めることが困難だったわけである。補助金支給は財政的に豊かな地域ほど獲得が有利であり、学校建築費用への補助金の支出という政策は、皮肉なことに地域格差を増大させることとなった。

ニューカッスル委員会が明らかにしたのは、教師の好みによる偏りの発生と地域格差という問題であった。特にこの教師の好みによる成果の偏りの問題は、合理的組織にとって重大な問題である。どのチェーン・システムも、現場におけるブレを回避し、サービスの品質管理をするため最大限の努力を傾けねばならない。そしてこの品質のブレを生じる最も大きな原因が、人間そのものにある。

教師の個人的好みをそのまま放置しておいたのでは、全国一律にどのレベルの生徒も同じような教育を受けることはできない。もし、個々の教授活動に偏りがあれば、たとえある学校や教師が高水準の教育サービスを提供したとしても、その成果は帳消しにされてしまう。なぜなら、他の学校や教師による低水準のサービスの提供が生じれば、制度への信頼を蝕《むしば》んでいくからである。従来の国庫補助の仕組みでは、教育サービスの品質保証がなされていないことが、ニューカッスル委員会で槍玉にあがった。

「出来高払い制」

一八六〇年、病気で職を辞したケイ・シャトルワースに代わって就任した教育委員長R・リンゲン(Lingen)は、教育委員会副委員長R・ロウ(Lowe)に命じて、一八三九年以降制定されてきた諸規則、基準を整理させ、「教育令（the code of education）」を発布した。この教育令は一八六二年に改正され、イギリスの教育史上悪名高き「出来高払い制」を導入した「改正教育令」として世に出ることとなった。

改正教育令について細かな研究を行っている太田直子によると、それは序章と一、二、三章からなる。まず序章で、補助金を受ける学校において、宗教教育がなされていることをその条件として指摘しながら、監督官による査察を受ける必要があることを強調している。第一章は、学校建築費補助金について規定した。そして第二章を「経常費に対する補助金」として、経常費に対する補助金が、生徒の出席状況と習得度、教師の資格や学校の状況によって、学校管理者に払われることとした。そのために学校が児童に伝達すべきスタンダードという教育内容が制定され、監督官制度を整備することによって、この補助金の支給による現場の学校の効率的運営を実現しようとしたものであった（太田、四六～五三頁）。

すでに監督官制度はケイ・シャトルワースの時代に導入され、補助金の使途について監督するようになっていた。しかしこの監督官は、国教会、非国教会、そしてカトリックというそれぞれの宗派ごとに選ばれ、それぞれの宗派の学校を査察する制度になっていたために、その実効性については大きな疑問が存在した。加えてこの仕事は、オックスフォード大学やケンブリッジ大学出身者によって占められる、名誉職的意味を持っていた。したがって、もともと教育経験も持たない者によってなされる査察であり、限界があった。彼らの職務遂行能力については、ニューカッスル委員会報告で明確に疑問視されていた。またすでにみたような、同委員会の報告による教師の指導の偏りや、低いレベルでの中途退学率の高さは、従来の監督制度のルーズな性格が明らかになったことを意味している。

改正教育令は、経常費への補助金支給の条件を細かく規定して、有効な活用を目指したが、そのためには同時に、監督官の職務の明確化と、評価対象としての現場の職務遂行条件を統一するための基準の確立が必要であったのである。

教育内容を3R's（読み方、書き方、計算）にしぼり込む

この改正教育令の特筆すべき特徴は、教育内容を徹底的にしぼり込んだ点にある。

当時の学校はすでに、多くの教科の教授に従事していた。内外学校協会においてもすでに、カリキュラムの漸進的拡大がみられ、3R'sに加えて、フランス語、幾何学、文法、三角法、線描、音楽などの科目が教えられており、また他の学校においても多くの教科が教えられるようになっていた（Binn, p.113）。バーチェナフによれば、国家の援助を受けるか否かを問わず、学校のカリキュラムはすでに3R'sを越え、かなりの学校が文法や地理を教えていた。また少数派となるが、歌唱、絵画、職業訓練なども教えられていた。場合によっては、歴史、語源学、体育が教えられたし、一八四七年からは野外園芸の指導員の雇用や、手芸の訓練施設建設費用にまで、国庫補助がなされていた。また国民協会に属する学校にとっては、宗教教育はもっとも重要な科目であった（Birchenough, p.293）。

しかし改正教育令では、この増加し、多様化しつつあった教科に対して、教えるべき内容を3R's、すなわち読み方、書き方、計算の三つに限定した。そしてこれらを表3－1にあるような六段階にわたるスタンダードとして制定したのであった。六段階に区別されたスタンダードの各段階は、それぞれ一年間にわたって履修される内容であり、しかも生徒はこれらの各段階の習得状況を試す試験を一度だけ受ける機会が与えられた。そしてこのスタンダードは、六歳から一一歳までの年齢に対応して

設定されていた。このような六段階への区分と年齢との対応、そして各段階の試験の一度だけの受験の実施とは、事実上六学年にわたる初等学校制度の始まりを意味し、学年制によるクラスの制度が実現する方向へと向かうこととなった。

基準Ⅰ	単音節語が読める
基準Ⅱ	学校で使用されている初級読本のなかの単音節分が読める
基準Ⅲ	学校で使用されている初級読本のなかから小段落が読める
基準Ⅳ	学校で使用されている上級読本のなかから小段落が読める
基準Ⅴ	学校の最上級クラスで使用されている読本のなかから詩が数行読める
基準Ⅵ	新聞記事等の現代文から１段落が読める
基準Ⅰ	口述した大文字、小文字を石板または黒板に筆記体で書ける
基準Ⅱ	活字体で書かれた文字を筆記体で書写できる
基準Ⅲ	読み方の試験と同じ段落からの一文をゆっくり１度読み、次に１語ずつ書き取ることができる
基準Ⅳ	読み方と同じ読本から、ただしすでに読んだ段落以外の１つの文章を一度に数語ずつゆっくり口述筆記できる
基準Ⅴ	学校の最上級クラスで使用されている読本のなかから、１つの文章を一度に数語ずつゆっくりと口述筆記できる
基準Ⅵ	新聞等の最近の読み物のなかから、普通の長さの段落を一度に数語ずつゆっくりと口述筆記できる
基準Ⅰ	20までの数字を黒板か石板に口述筆記する。20までの数字をみて読む､黒板に書かれた例題から口頭で10までの数字を足し引きする
基準Ⅱ	簡単な足し算と引き算、九九の表
基準Ⅲ	短除法（12以下の数で割る割り算）までの簡単な計算問題
基準Ⅳ	複雑な計算問題（お金）
基準Ⅴ	複雑な計算問題（重さと長さの単位）
基準Ⅵ	実用計算または売上伝票の計算

表3-1　スタンダードの内容（オルドリッチ『イギリスの教育』より）

当時の名だたる人物はこぞって、この改正教育令を激しく批判した。国教会も、宗教教育が除外されたことに対して、激しい批判を展開した。しかし、チェーン・システムとしての組織の整備という文脈からみると、事はまったく違った形でみえてくる。

安定したサービスの供給のために、サービスや扱う商品のしぼり込みこそは、顧客の信頼を獲得するために不可欠の方策である。多くの活動に無原則に手を染め、サービスの低下、ひいては信用の低下を招き、顧客離れを生み、倒産のやむなきにいたった店舗の例は多い。また、作業成果の評価を複雑かつ困難にしてしまい、成果の客観的表示も事実上不可能にしてしまう。

　ましてやこの当時、有資格教師の数は極度に不足していたがために、モニターに毛が生えたような見習い教師に多くの授業をゆだねることはできなかった。教育サービスの最先端で仕事を担う従業員の能力が極度に低い状態の中では、多様な教科を教えることは危険なことであった。あえて3R'sに限定し、しかも決して高くはない水準のスタンダードとして教育内容を設定したということは、サービスの品質保証、そして組織の信頼の確保という点では、有効な方策であったというべきだろう。

現場の査察、統制と水準の維持

　このスタンダードは、強制力を持っていた。すなわち、監督官（inspector）制度と出来高払い（payment by result）制度により、強力なる統制が中央政府から学校現場へと行使される仕組みとなっていた。毎年の終わりに監督官による試験が行われ、読み方、書き方、そして計算のいずれをも合格となった生徒の数と、年間にわたって半数以上の授業への出席者数をもとにして、翌年の学校への補助金が支給されることとなっていた。この厳密な統制制度は、トップとボトムとを直結させ、中央政府が定めたスタンダードを、現場が忠実に遂行するという仕組みを完成させたことを意味する。

　経営の論理、すなわち教育行政の効率化という観点からすれば、この政策は妥当性を持つものであった。教育内容を狭く限定したロウの基本的考え方は、民衆学校はこの3R'sという基礎的能力だけ与えておればよい。それ以上の能力は個人が金を払って習得すべきものであり、そのような教育は政府の補助によってなされるべきものではない、というものであった（太田、五五頁）。すなわち、この統一されたスタンダードによる教育内容は、あくまでもインフラストラクチャーとしての教育であり、それ以上の教育は、個人の選択にゆだねるという政策であった。また、3R's に限定することによって、評価が円滑に進み、国家が現場の学校を統制するには好都合であった（特に、道徳教育や宗教教育は評価することが困難である、ということが、排除の主な理由であった）。

さらに太田直子は、次のようにこの成果を述べている。

まず視学官報告に基づいて学校全体の状態をチェックし、子どもの最低出席日数の設定により、出席を日常化させる。これが割当補助金の交付条件である。しかしながらこれだけでは子どもが本当に教育を受けたかどうかわからないので、3RS に関しては、視学官により、年一度の個別試験をスタンダードに応じて行なう。その試験の結果、不合格とされたものは、一科目につき三分の一ずつ減額される。これによって子どもの習得が明確になり、教師の教育力量も測られる。また子ども一人一人の成績が補助金額を左右するため、今まで学校管理者や教師に軽視・無視されてきた子ども一人一人に対して注意が行き届くようになるであろう。中産階級の子どもたちや労働者階級上層の子どもたちよりも、上級クラスに進級することもなく早く離学していってしまう子どもたち、学校を転々とする子どもたち、そういう子どもたちに少しでも出席を日常化させ、3RS だけでもきちんと習得させよう、これが、ロウの語るでき高払制度採用の主たる理由であった（太田、五四～五五頁）。

このような仕組みにより、どの学校においても同じような教育を与えることができ、同じような成果を収めうることが可能となった。それは、批判的に受けとめれば、全国的に画一的教育が行われたということである。そして教師を単なる現場監督か、機械の歯車と同様の存在にしてしまうこの改正は、教育内容を3R'sに限定したことと同じく、激しい批判を呼び起こした。しかし肯定的に受けとめれば、「学校に行けば必ず3R'sが身につく」という信頼感を、人々に与えたということである。

改正教育令は、「安上がり政策」でも、また自由の抑圧でもなく、経営合理化のための必然的産物であった。効率を上げるために、どのチェーン・システムも、サービスのしぼり込みと売り上げの入念なチェックは欠かすことができない。そしてサービスの最前線では、従業員はマニュアルに従って、忠実に所定のサービスを提供しなければならない。このチェーン・システムの論理が、改正教育令の推進者ロウを動かしたのであった。

「客の好みをいちいち聞いていたのでは、能率は上がらない」

効率的なファースト・フードのレストラン経営を目指したマクドナルド兄弟による経営の神髄は、人間的要素を「合理的経営のガン」とした点にある。

> ファースト・フードにとって最大のガンは人間的な部分であり、兄弟はそれをなくすため全力を尽くした。ファースト・フード以前の、レストランの料理は、個人的なコックの技能であり、その結果としてのサービスは質でもスピードでもバラバラだった。ところがマクドナルドの数少ないメニューでは、調理は初心者でも容易にできるほど単純な反復作業である。マクドナルド兄弟はこの生産方式を徹底させ、調理場の従業員はそれぞれがスペシャリストになった（ラブ、二九頁）。

調理する人間の好みにまかせたのでは、ハンバーガーの品質保証は得られなくなる。マクドナルドからフランチャイズ権を買い取り、新たにチェーン・システムを拡大したR・クロック（Kroc）もまた、個々のオーナーの恣意的判断による品質のばらつきに悩まされ、製品の規格化を強化した（ラブ、七七〜八二頁）。

合理的システムは、人間によって生じる商品のサイズや品質の不揃いを何よりも嫌う。人間の自然の態度を是認していたのでは、つまり個人の好み、義理や人情のような生の関係を容認していたのでは、品質の不揃《ふぞろ》いが発生し、合理的経営は成立しえない。人間を徹底的に訓練し、規律化することで、つまり構成員から人間性を奪い、システムという機械の歯車に仕立て上げることによって、ようやく合理的経営は動き出す。効率化のためには、調理は人間任せにしてはならない。システムによる調理によってこそ、規格の揃った品物を作ることができる。これは、教授活動の場合も同じであった。

経営の論理、それは無駄の排除ということに集約的に表される。そしてこの無駄の最大の要因が人間にある。マクドナルドは、「客の好みをいちいち聞いていたら大混乱になる」（ラブ、二六頁）という理由で、顧客の好みまで無駄として排除してしまい、同一規格のハンバーガーセットを提供した。学校でも、生徒の好みを認めず、スタンダードで制定した内容へと、生徒の学習活動を限定してしまったのである。こうして無駄を省くという論理は、人間的要素の排除と、教育内容の限定として具体化した。

改正教育令は、国家的規模で学校がチェーン・システムの中に組み込まれるための重要な第一歩であった。出来高払い制度は一八九〇年の基礎教育令で一括補助金（block grant）制度が導入された時に廃止されるまで継続した。この期間は、義務教育制度が制定され、全国規模の児童の就学義務が実現していく過程とそのまま重なる。すなわち出来高払い制度が含んだスタンダードの制定、監督官による現場の業務遂行の点検という仕組みは、義務教育制度の完成にいたるまでの間続いた。

「学年」の導入

監督官制度によるスタンダードを基準とする教育成果の査察は、学校現場の実践方式の統一をさらに促進する。各学校が異なる原理で教えていたのでは、教育効果の測定は不可能だからである。こうして空間的に独立した「学級」を教育効果測定のための重要な単位として、監督官制度は実施されていく。

生徒の成績が判断基準となるためには、生徒の移動を一定程度抑制せねばならない。成績のよい生徒のみを集めるとか、成績のよい生徒に同一スタンダードを毎回受けさせるとかの不正を防止するためには、年齢を統一し、名前を確認しておくほかはない。一斉授業の対象として「学級」内に入れられた生徒は、多様な年齢の集まりから、同年齢の集団へと変えられていく。そして同時に、一斉進級の制度、すなわち学年制が生まれてくることとなる。

スタンダードは六段階からなるカリキュラムを設定し、毎年生徒は一段階ごとに試験を受けることとなった。そして生徒が六年間就学することを想定し、六段階の学年に生徒を区分することとなった。スタンダードは、それまで曖昧であった就学期間を六年間と設定したのである。わが国でもよく知られたイギリスの教育史家サイモンは、このことを「基礎学校はその組織について限定的な形式をおしつけられた。可能なところでは、その子どもたちがすべて毎年進級することをねらって、学級が余儀なく標準に合わせて編成され、そこで学級は標準一、標準二というように示された」と言っている（サイモン、二二八頁）。つまり、ここで今日の学年学級制が誕生したのである。

「学級」の完成

もう少しこのスタンダードの意味を検討しておこう。このスタンダードとは、もともと内外学校協会のモニトリアル・システムにおいて、能力別に分けられた生徒の集まり、すなわちそれぞれのクラスを表示する板のことを意味していた（BFSS 1837, p.18）。つまりクラスとスタンダードとは、同じことを示しているのである。これ以来、スタンダードとは、クラスに与えられる名前を意味することとなった（Musgrave, p.36）。ファースト・スタンダードとは、ファースト・クラスを意味したのである。

したがってこの改正教育令の一つの意味は、モニトリアル・システムのクラス分けの原理を全国規模で再現したという意味を持つ。学校は、スタンダードと呼ばれるクラスに必ず分割されねばならなくなった。もとより、伝統的に教場という一つの空間、あるいはギャラリーという追加された空間しかなかった学校が、独立した「学級」の空間をすぐに確保しえたわけはない。また、各スタンダードに、教師がすべて配属されたわけではない。しかし、改正教育令のスタンダードは、一つの学校を六つに分けることを強制したのである。スタンダードへの学校の分割、それは「学級」の成立ということであった。

学校の規模が異なり、生徒数が違っていても、学年とスタンダードによる「学級」という標準化された基礎的単位が確立されてさえいれば、監督官による査定は円滑に進む。出来高払い制度は、国家予算の効率的運営のために、モニトリアル・システム以来のクラスというパッケージを、より精緻なものへと作り上げていったのである。こうして、等級制に基づくクラスに代わって、学年制の「学級」が登場することとなった。

結局、モニトリアル・システムが作り上げた事前制御要因の一つ、能力別分類を年齢別分類に変え、さらに幼児学校の一斉教授方式を採用することによって、「学級」が完成した。われわれが今日なじんでいる「学級」はこのようにして、教授活動に必要な諸要素を徹底的に事前制御したモニトリアル・システムのテクノロジーと、ギャラリー方式による一斉教授のテクノロジーとが合体させられて成立したのである。

統制される教師

ニューカッスル委員会が明らかにしたもう一つの問題点は、補助金による教師の処遇策が既得権益化したことにあった。報告では、教師の仕事への不満が数多く集められ、これらの不満が実際の教授活動に及ぼす否定的影響について述べている。例えば、過度に高度な内容を教えたり、より待遇のよい学校へと移ることを求めたり、また社会的尊敬を獲得できないことを批判する等、各種の補助金によって支えられているにもかかわらず、教師が多くの不満を持って仕事をしている現状が報告されている。従来の補助金支給方式では、教師の生活の安定化あるいは既得権益化は招いても、教授効率を高めることにはならないことが判明したのである（Rich, pp.174-177）。

改正教育令においてロウは、補助金支給方式を従来の個々の教師に対する配分方式から、一括して理事会に渡す割当補助金制へと変えた。変えられた理由は、個別配分方式が膨大な事務量となり、行政の複雑化をもたらしたからであった。この変更によって、教師の身分は、国家から給与の多くを保障される公務員に準じた地位から、単に私企業の従業員の立場に変えられた。こうなると教師の給料は理事会と雇用・被雇用の関係で決定されることとなり、出来高払い制度の影響を直接受けることとなった。年度末に監督官によってなされた査定により、すなわち生徒の習得度と出席率の結果によって学校への補助金額が決定され、さらにこの額によって教師の給料が左右されるようになったのである。

こうして教師は生徒のレベルの高低に関係なく、あてがわれている「学級」の生徒の成績の向上と出席の確保に、最大のエネルギーを注がねばならなくなった。かつての上級のクラスにだけ情熱を注ぎ、下級のクラスの教授には無関心になるという恣意的態度を取ることを、この仕組みによって完全に排除することが可能となった。スタンダードを制定することによって、教育局という組織のトップはより確実に現場の教師、すなわち組織のボトムを意のままに動かしうるようになったのである。理事会から給与を受け取るようになった教師は、補助金の支給がなくならないように、生徒の成績の向上と出席の確保に全力を尽くすこととなった。

もちろん、このような変化が直ちに全国の学校において生じたのではなかった。全国的に現代の学級制、すなわち学年学級制が導入されるのは、二〇世紀に入ってのことであったが、ここに「学級」は新しい段階に突入したのであった。しかも国家介入という経過の中でこのことは生じた。国家の財政を軽減するという動機でニューカッスル委員会が作られ、そして教育費の効率的運用が政府に求められた。内外学校協会や国民協会という民間の組織においては、財政的基盤が脆弱《ぜいじゃく》であったために、給料の査定を通じてまで学級の内容を変えていくことはできなかったし、なによりも法的な規制力をたのである。

欠いた。しかし国家は、その資金力に物を言わせ、また法的拘束力を発揮して、「学級」を完成させ

宗派的中立性

国家が教育制度を施行する場合の最大の隘路《あいろ》は、宗教的対立の問題であった。そして、モニトリアル・システムの普及は、二つの団体間の激しい対立の中で進行した。一九世紀とは、効率的な教育を普及させるために大きな役割を果たしたこの二つの団体が、激しい宗教的対立を展開した時代であり、義務教育制度の実現は、この対立に一定の解決をもたらすことであった。

この宗派的対立の問題に関して、クウェーカー教徒を中心に作られた内外学校協会は、すでに述べたように、その設立当初から非宗派主義（non-denominational）を基本原則として掲げてきた。そしてこの中立性の原則が、国教会派の側の激しいランカスター批判を生んだのである。この強烈な反発が、当初ランカスター支援を行っていた国王や貴族が援助の手を引く原因となり、またイギリスにおけるランカスター派の学校普及の大きな障害となった。

しかし逆に多様なセクトが分立するアメリカにおいては、この原則が功を奏した。

ランカスターが自分の学校のプランをほぼ完成させると、このシステムは同じクウェーカー教徒の手によって直ちにニューヨークへと伝えられた。そしてランカスター派のモニトリアル・システムはセクトの違いを超えて、東部アメリカで爆発的に普及し、ニューヨークやペンシルバニアにおける州の義務教育制度成立に大きく寄与することとなった（Kaestle, p.48）。例えば、ニューヨークでは、クウェーカー教徒を中心として一八〇五年にN.Y. 無償学校協会が結成され、この組織はその後一八二

六年にN.Y. 公立学校協会へと名称を変え、公立学校を普及させるための組織を整備していった(Reigart)。またフィラデルフィアでは、モニトリアル・システムのクラスがそのまま「学級」として整備されていった(Hogan 1990, p.252)。逆にローマカトリックの影響が強い国々や、ギリシャ正教の影響下にある国々では、この非宗派主義が隘路となり、システムの普及にブレーキがかけられた(Binn, p.94)。

公教育制度という果実に

イギリスにおける義務教育制度もまた、このような宗派的中立性の原則を、何らかの形で国家的制度の中に組み込まなければ実現しえなかった。この過程において決定的役割を果たしたのが、グラッドストーン内閣で教育委員会副局長をつとめたW・E・フォスター(Forster)であった。彼はクウェーカー教徒として、男女平等運動やアメリカの奴隷廃止運動にかかわりつつ、内外学校協会を代表する国会議員として教育委員会副局長に就任し、義務教育制度実現の最大の課題であった宗派的中立性の原則を備えた初等教育法を実現させたのである。

ビンは、グラッドストーンの次のような演説を紹介している。「六五年間、非宗派的教育の実現を目指してきた内外学校協会をわれわれは持っている。政府が提案しようとしている道は、彼らが作り上げてきた」。「内外学校協会の学校が国家の学校へと統合されたとするならば、それは次の理由による。内外学校協会の学校の独自性が失われたからではない。逆に、内外学校協会の独自性が、一般的となったからである」。そしてビンは、一八七〇年の初等教育法が、結局は内外学校協会の原理で、国家の義務教育制度が実現していくこととなったことを力説する(Binn, pp.186-187)。

内外学校協会の学校の多くは、学校空白地域に公立学校を設置するために新たに作られた学務委員会（school board）の手に引き渡されるようになった（オルドリッチ、一四〇頁）。かくして、内外学校協会傘下の学校は、公立の学校へと組み込まれ、内外学校協会が作り上げた組織は、公立学校制度として発展的に解消されることとなったのである。ランカスターの試みは、こうして公教育制度という壮大なチェーン・システムとして結実したのであった。

3. 排除された零細経営の私設学校

貧困者向け学校もあった

一九世紀ともなれば、商工業の発達に対応して労働者の中に読み書き、計算能力の習得という教育需要が増してきたことは疑いない。労働者階級のすべての人々にとって教育の重要性が自覚されたわけではなかったが、貧民は彼らなりに子弟の教育に強い関心を持ち、学校へ通わせた。しかしその学校とは、これまで述べてきた二つの団体に属する学校とはまったく違った学校であった。すなわち、システム化され、計画的に動く学校ではなく、小規模な私設学校（private school）において、彼らの需要は満たされたのである。特に底辺労働者の場合そうであった。一八世紀から義務教育成立時にかけてのイギリスには、前節までに述べた学校とは違い、授業料のみで成り立った別の種類の学校も存在したのである。

一八世紀から一九世紀のイギリスにこのような授業料のみで成り立つ学校が存在することを確認

し、義務教育制度の成立過程を需要・供給関係を軸に分析する必要性を強調したのは、ラクワーであった。彼は、次のように説明している。

一八世紀後半の間に公的に維持される学校の停滞が見られ、そして二つの団体が創設される間に、私設の学校は、地域の要望に応え多くの識字労働者階級を作り出した。この私設の学校が一八三〇年代まで市場を確保したが故に、一八一八〜一八五一年の間に示された教育の拡大は、公的に維持される学校によるものとは言い切れない。私設学校の存続が、公的に維持される新しい型の学校で、古い型の学校を補完しようと試みていた人々に危機感を与え続けた。公的に維持される学校とは違って、私設学校は地域社会の文化の一部であり、また上から賦課されたのでもないが故に、労働者階級の地域社会における支持を獲得した（Laqueur, p.22）。

実際の学校数の分布はどのようなものであったのだろうか。松塚俊三の整理を通して見ると、一八五一年に実施された「教育国勢調査報告」において、イギリス全体で当時四万六〇四二校の学校が存在し、その内訳は、寄付金や国家の補助金を受給していた公設学校一万五五一八校、私設学校三万五二四校となっている。生徒数でみると、公立校が一四二万人、私設学校では七二万人を数えるほどになっている（松塚、三八頁）。

この私設学校はさらに、上等の学校、中等の学校、下等の学校に分けられ、上等、中等の学校は一応それぞれ上流、中流階級に対応した学校であった。そして下等の学校こそは、労働者階級の需要に対応して存在していた私設学校であり、この調査では一万三八七九校を数えている（松塚、三三頁）。

この調査は政府の手によって行われたが、当初から施設、教育内容、教員資格などシステム化された公設学校が備える基準を前提に調査内容が設定されていた。また調査される側の当局への警戒心が強力であったことから、多くの調査漏れ、調査忌避があったと考えられている。したがってこの貧困層を対象とした学校数は、実際はもっと多かったと予想されている（Gardner, p.57）。

図3-5　おばさん学校として蔑視された私設学校　半地下の部屋には洗濯物がかけられ、ねずみがいる（Bartley, *The School for the People* より）

これらの学校は、義務教育成立時に、当局によって邪魔物扱いされ、教育上いかなる貢献もしなかったかのごとくに吹聴され、軽蔑され続けた。例えば、「デーム・スクール（dame school）」、「インフェリオー・スクール（inferior school）」、「コモン・デイスクール（common day school）」、「アドベンチャー・スクール（adventure school）」という蔑称で呼ばれ、無視され、また弾圧されて消滅した。後世の教育史研究者たちは、これら当局が使用した言葉をそのまま受け入れ、まともな学校には値しない存在として、軽視してきた。しかし昨今のイギリス教育史研究は、この学校が実際上労働者階級には不可欠の存在であり、とりわけ底辺の労働者階級の日常的教育機関として重要な役割を果たしていたことを明らかにしている（Gardner, p.4）。

地域に開かれた学校

この私設の学校とは、われわれが持つ通常の学校概念からは理解不能な学校である。すなわち、教室があって、机が整然と並んでおり、担任の教師が目の前にいる同じ年齢の生徒に、時間割に沿って授業をしているという、今日なじみの深い学校イメージでは捉えることのできない学校だったのである。このような私設の学校の研究者ガードナーの説明を要約すると、次のような特徴を持った学校であった（Gardner, p.12）。

子ども、親、教師すべて労働者階級に属した。
他からの財政援助はなかった。
週あたり九ペニーの授業料であった。
提供する側の命令ではなく、受ける側の需要に基づいて運営された。
訓練もない、主として女性の教師が教えた。
家族の手伝いを頼むだけの孤独な仕事であった。
建物の大部分は、教師の家が使われ、週あたり一〇～三〇人の生徒を受け入れた。
性別、年齢別、能力別の生徒の区分などなかった。
個別のインフォーマルな教授と学習であった。

当局からは蔑称で呼ばれていたこれらの学校は、多くの場合、教師の名前をつけた学校として親しみを込めて呼ばれたり、教える内容や教場のある場所の名前を冠した。このような学校は、ガードナーによれば「国民協会や内外学校協会の学校のように、外的に計画され、規制された教授システムとは違った。私設学校の教師は、よく知られた地域の人間であり、顧客たちの友人や隣人であった。訓練を受けた教師の場合と違い、親しみやすく、近づきやすかった。私設の学校は、個々の教師に依存する学校であった」(Gardner, p.28)。組織化されていないこれら私設の学校は、あくまでも需要と供給という関係に立脚して存在していたのである。

もちろんこのような学校の教師とは、資格もなく、またこの仕事をする動機も多様であった。夫の少ない収入を補うために、あるいは寡婦として生計の道をこの学校で維持するために、さらには他の職業で失敗したために新しい仕事として学校を開くというようなこともありえた。当局は、このような状況をとらえてことさらのように、私設学校がいかに学校としては粗末であり、非衛生的であり、またいかがわしいものであるかということを吹聴し正常な生活の道を絶たれた者による「最後の手段(last resort)」と決めつけた(Gardner, p.124)。もちろん教師としての能力もバラバラであり、中には当局が批判するとおり3R'sさえもまともにできない者がいたことも十分に予想された。しかし需要供給関係に立脚するということは、あまりにもひどい教師は淘汰されることを意味する。むしろ現実的には、経験の上で「あの人は教え方がうまい」、などという近隣者の間の評判が教師という仕事を特定の人に付与し、また親がその人物のところへと自分の子どもを送り込む最大の理由となったであろう。

このような学校は、今日のようにシステム化され、機能的に日常生活から完全に切り離された機関ではなかった。現代の学校は教育機関として、他の社会的制度や機関からは明確に区別され、教師はその他の職業と明らかに区別されている。しかし社会の底辺に生きる人々によって織り成され、家庭生活や地域生活に根ざすこの学校は、目的性においても、そしてそれを担う教師も、さらに教えを受ける生徒も、決して固定的な存在ではなかった。これら私設の学校とは、あらゆる意味において流動的であり、ある意味で「地域に開かれた学校」であった。

規律化された学校への拒否感情

それではなぜ、システム化され、全国規模の組織網をめぐらし、比較的安定的な教育活動を展開してきた学校に、多くの底辺労働者の親たちは自分の子どもを行かせようとはしなかったのであろうか。私設の学校に比べて授業料も安かったといわれるこのシステム化された学校を、経済的により困窮度の高い貧困層が敬遠したことは、一見不思議なことのように思われる。しかしそこには相応の理由があった。

システム化された学校が多くの貧困階級の人々によって忌避され、私設の学校が逆に普及した原因の一つは、このようなシステム化された学校の規律性にある（Laqueur, p.193）。時間を忠実に守り、よそ者としての教師の権威に従順に従わせ、本人が必要としない学習を強制する。こうしたシステム化された秩序への反抗こそが、彼らを私設学校へと向かわせた最大の根拠であった。地域社会の共同体的関係を少なからず保持し、身内としての近隣者を教師とし、生活のリズムに沿って展開した私設の学校と、地域社会を越え、機械的リズムで動くシステム化された学校の間には、大きな隔たりが存在したのである。

私設学校で教えたのはあくまでも人間であった。教師の人格がこの場合大きな意味を持つ。しかし、モニトリアル・システムが実現したのは、システムによる教育である。ここでは個人は意味をなさない。モニターはあくまでもシステムの代弁者、命令の執行者であり、彼自身が目的の設定者でも、方法の選択者でもない。個人が教えているのではなく、システムが教えるのである。下層社会に生きる人々の濃密な近隣関係の中で成立した教師と生徒の関係と、モニトリアル・システムにおける教師やモニターと生徒の関係の間には、深い断絶が存在する。

また労働者階級の子どもは早くから仕事に必要な技を身につけ、ひとり立ちしなければならないという生活文化の中にいた。そこでは自立こそは、何よりも重要な生活上の信条であった。しかし学校は、よそ者としての教師に無条件の服従を要求する権威的空間であった。学校秩序に同化するということは、従順になり、はては無気力な存在へと化せられていく危険性を持つ。独立不羈《ふき》の精神を親たちの生活から学び、一〇歳ごろになると仕事について必要な生活態度を身につけ、ひとり立ちしていかねばならない貧困層の子どもたちが、ひたすら権威的秩序への無条件の服従を求める学校の要求に、簡単に応じるはずはなかった。

またこの規律化への反抗とは、清潔な身なりを求めようとした学校への反発でもあった。多くはスラムに住み、毎日風呂に入ったり、洗濯したりすることができない、あるいは石鹼《せつけん》を買うことすらままならない家庭からきた生徒は、しらみまみれの頭や、ぼさぼさの髪とよごれた服という不潔な身なりで登校する場合が多かった。一方、多数の生徒が集まる学校での衛生環境の保持は、避けられない重要な課題であった。システム化された学校の教師は、不潔な身なりで登校してきた生徒を取り締まりの対象として取り上げ、罰を加え、強制的に清潔の習慣を身につけさせようとしたのである(Laqueur, p.200)。

逆に私設の学校は、しばしば狭い部屋に多くの子どもが密集するという、不衛生極まりない場合が多かった。このような私設学校の状態は、その後義務教育制度が開始され、地方学務委員会が公衆衛生局の監督を通じて学校を潰《つぶ》す絶好の根拠となったのである。しかし極貧の彼らにとって、このような衛生状態から離脱することはほとんど不可能に近いことであった。

システム化された学校への抵抗の第二の理由は、学校が教える知識が生活から遊離した没意味性、抽象性にあった。労働者階級、とりわけ底辺の労働に従事するような子どもにとって、仕事に必要な読み書きとは、きわめて限定されたものであったと考えられる。しかしシステム化された学校が教える内容は、将来就くであろうと漠然と想定された仕事を目指したものであり、単にその学習量が多いのみならず、抽象的、一般的内容のものであった。その意味で、このような知識は、貧困層の子どもが就くと考えられる職業からも、現在の生活からも遊離した内容であった。

さらにシステム化された学校とは、禁欲主義的倫理観を強くそなえた中産階級の性格を色濃く持っていた。当然のこととして教育内容も、そしてまた教師の交わす言葉も階級的性格を強く持つこととなる。勤勉や正直を強調する教育内容は、不安定な生活を強いられる底辺層の子どもにとっては空々しい内容であった。また教師が毎日話す言葉も中産階級的性格で染められており、言葉もアクセントも、そして表現方法も底辺層のそれらとは大きく隔《へだ》たっていた。

あるいは、「カンニングしてはならない」という競争的個人主義に基づく中産階級的倫理観と、「困ったときは助け合うのがあたり前」となっている貧しい人々の日常生活の倫理観との隔絶は、あまりにも大きいものであった（ハンフリーズ、七二頁）。

私設学校に対する弾圧

一八七〇年の初等教育法から、初等教育制度が始まった。またこの法によって、はじめて国家が法律をもってして教育制度を制定したのであった。そしてこの法は、義務規定は持っていなかったが、義務就学のための条例制定権を学務委員会に与えていた。こうして、各地に作られた学務委員会はそれぞれの地域に存在する学校数を確定しなければならない。またそれらの学校が、公的補助を受けるにふさわしい各種の基準を備えているか、調べなければならない。各地の教育当局は、一八七〇年法の制定後、それぞれの地域における学校の実情調査を開始した。

この調査は、各学務委員会が管轄する地域において、施設・設備、教授方法、カリキュラムの面において「効率的（efficient）」であるか否かという点について、各学校の状態を調べるものであった。それは単に公設の学校を調査したのみならず、私設学校をも調査の対象とし、学校としての申告を求めるものであった。この私設学校が申告に応じれば、学校として認知され、当局の査察を受け、効率的か否かの判定を受けることとなっていた。申告に応じない私設学校が、学校名簿からはずされ、また申告して査察を受けても、非効率的という烙印《らくいん》をおされれば、これもまた名簿から除外され、学校としては認知されなくなるというのが、この調査の趣旨であった。それはいうまでもなく、当局による私設学校の排除の動きであった。

ガードナーの紹介によると、この調査で、ロンドンでは四万四〇〇〇人の生徒が就学していないこととなり、その分だけ公設の学校を作る必要が生まれたこととなる（Gardner, p.194）。一方、多くの私設学校が事実上廃校（廃業）に追い込まれた。私設学校に対する弾圧はこれだけに留《とど》まらなかった。一八七〇年法の施行から一八七一年にわたって実施された調査によって、多くの私設学校が消失した。

しかし私設学校の生命力は強かったし、またそれを支えた労働者たちの力も強力であった。調査終了後、再び私設学校はその数を増し始め、これらの学校に就学する子どももまた増え始め、当局をあわてさせた。

一八七六年教育法、いわゆるサンドン法は、未就学者の就労を禁止することによって、間接的にではあるが、事実上の就学強制となる方法を採用した。それは一方において、一〇歳以上の子どもの就労のための担保として就学を義務づけ、続いて出された一八八〇年法、いわゆるマンデラ法において、学務委員会に加えて就学委員会（School Attendance Committee）を設置させ、地方当局に義務就学条例を制定するように仕向けることとなった。また義務就学を五歳から一〇歳までとした。

「学級」秩序に対する抵抗

このようにして事実上の義務教育制度が、一九世紀末に完成したこととなる。しかしこのことで、システム化された学校への抵抗がやんだわけではなかった。抵抗は、義務教育制度が軌道に乗り、学級制が定着していくと、「学級」秩序への反抗となって現れた。この時期に就学した人々の聞き取り調査を通じて、ハンフリーズは、秩序を維持しようとした教師と、これに抵抗した生徒あるいは親との壮絶な争いを描いている。

学校教育にたいする労働者階級の子どもの執拗な反抗はまさに教室のただなかで行われた。校内に閉じ込められて、もっぱら機械的な暗記と堅苦しい規律を強いられ、実生活とはかけ離れた無意味な礼儀や道徳を押しつけられたから、教室にはいつも反感が渦巻いていた。生徒の抵抗は通常、不服従、規則違反、消極的で投げやりな授業態度となって現れた。多くの生徒が非協力的で露骨に敵対することもあるうえに、大きな学級規模、不十分な施設、訓練不足の教師といった悪条件が重なると、教室に紛争が生じないはずがない（ハンフリーズ、一〇七頁）。

教師は教師として、このような生徒の抵抗を容認したのでは、その教育力量を問われ、賃金の査定に響くこととなるために、必死で「学級」秩序の維持を図っていかねばならない。教師は、体罰をも辞さずに、秩序を維持しようとした。当然、親の反抗をもたらし、「学級」秩序に対するこの抵抗はまた、生徒自身による学校ストライキや、親や周辺労働者をも巻き込んだ学校ストライキへと拡大し、これらの抵抗が鎮圧され、学校が社会的に定着するには、第二次世界大戦が始まるころまでの、長い年月を要したのである（ハンフリーズ、一七〇頁）。

現代の学校に、このような混乱をみることはできない。学校は何事もなく存立しえているように、われわれにはみえる。しかし、明らかに義務教育制度として成立している現代の学校の背後には、このような弾圧によって排除された学校が存在した。たとえ私設学校は消滅したとはいえ、このような学校を支えた底辺労働者の生活の論理と心情が、現代社会において消滅したとはいえない。

このような経過により、学校は小規模零細経営としての私設学校を排除したために、比較の対象を喪失した。私設学校を支えた人々の意識を、現代人は目の当たりにすることができない。学校がかつて、需要供給関係で動いていたことも、われわれにはわからない。しかもこのような激しい政策は、一〇〇年以上もの昔に生じたことであった。したがってシステム化されない学校と、システム化された学校との比較を通じて、学校そのものの仕組みを知ることが困難になってしまった。学校論の混迷のもっとも大きな原因はここにある。

現代の義務教育制度として教育を独占してしまった学校の背後には、弾圧され、排除された「地域に根ざす学校」、あるいは「生活に根ざす学校」が存在していることを、忘れてはならない。また、システム化された学校による教育の独占がもたらす弊害が、現代の学校の病理として、さまざまな形態を取って出現することも、決して見逃されてはならない。

第四章
学校組織の矛盾

伝統的なイギリスのパブリックスクール
イートン校

1．供給先行型組織としての学校のシステム化

負荷の大きい供給先行型組織

前章までの考察から、学校には二つのタイプが存在することがわかる。一つは、教育を受ける側の需要に基づいて成立した学校、すなわち需要先行型の学校である。もう一つは、需要の存在とは関係なく、慈善活動から始まり、最終的には義務教育制度の中に組み込まれたそれであり、供給先行型の学校と名づけることができる。

このような二つのタイプの学校を確認することによって、われわれが通常論じている対象が、供給先行型の組織という特性を持つことが明らかとなる。通常の組織は需要があるから拡大する。需要の存在と、業者間の争いが、顧客獲得の競争を促し、競争に勝った業者が組織を拡大し、ついには全国規模の巨大なチェーン・システムの組織を作り上げる。しかし学校とは、このような顧客獲得競争を通じて、全国的な大規模組織へと成長したわけではない。

教育を受ける側の需要に基づかない供給先行型の学校は、学習意欲が存在しなくとも就学を強制されるという意味で、また厳格な行動規制が課されるという意味でも、子どもに大きな負荷をかける組織である。このような負荷をもたらす組織が膨張し、最終的に全国規模での学校網を形成するためには、確かに国家の大きな力を必要とした。義務教育制度の成立を、国家の教育への介入と結びつけて説明する傾向が生まれやすくなるのは当然のことであろう。

しかし、国家が教育への介入を始める以前から、内外学校協会や国民協会のような全国規模の組織が成立していた。義務教育制度を成立させる兆しはずっと以前から存在していたのであり、国家はそれを法的強制力と財政力で促進させたに過ぎない。義務教育制度を成立させ、全国規模の学校網を作り上げる力はむしろ、これらの団体を支えたキリスト教の宗教運動の中にあった。

プロテスタントの貧民教育活動

宗教改革後のフランスを中心とするカトリック側の失地回復を目指す動きは、イギリスやオランダ、ドイツのプロテスタントたちの国際的結束を促した。道徳的堕落と貧困の原因をもっぱらキリスト教の信仰の不足に求め、またカトリックの脅威と戦うために、彼らは一六九八年にロンドンに本部を置く国際的組織、キリスト教知識普及協会（The Society of Promoting Christian Knowledge 以下SPCKと略）を発足させ、貧窮児の救済と奴隷解放の運動を組織化し始めた。この団体は、反カトリックということで結束し、国教会及び非国教会信者の双方を包含し、プロテスタント的性格の強いモラルリフォーム運動を展開した（西川）。

そしてこのSPCKは、ドイツのハレ大学を拠点にドイツ敬虔主義派の宗教運動を展開し、とりわけ禁欲主義的な教育活動に重点を置いていたことで有名なH・フランケ（H. Franke）の指導を仰いだ。SPCKは、彼の弟子をロンドンに招いて、貧民教育活動を展開し、「慈善学校（charity school）」を全国規模で開設した（西川、一三六〜一三七頁）。

「一八世紀ピューリタニズムの活動」というサブタイトルを付した『慈善学校』という本を書いたジョーンズによれば、SPCKの本部は、慈善学校の基本方針を定め、宗教教育に重点を置くことを定めた。教育の目的はあくまでも宗教的教義の習得にあった。逆に3R'sに関しては、単なる読み方にとどまらせ、書き方や計算まで学習させることを強くは求めなかった。それは聖書を読み、勤勉、謙譲、従順等の宗教的態度を養うことが教育の重点だったことからくる当然の帰結であった。そのために教科書として、教義問答書（カテキズム）が使用された。また慈善学校では、制服をすべての生徒に着用させ、貧窮児であることを社会的に表示させようとした（M.G. Jones）。

慈善学校から日曜学校運動へ

ＳＰＣＫの本部が重視したのは、教師の役割であった。初等教育史上はじめて教師の仕事をフルタイムにし、また教師の養成にも強い関心を示し、もっぱら宗教的情熱、態度を重視した教師の育成を目指そうとし、ヨークシャーの司祭Ｊ・タルボット（Talbott）に『クリスチャン・マスター』を書かせ、結局は挫折したが、教員養成の試みにも挑戦している（オルドリッチ、一〇二頁）。

この統一された組織の経営基盤は、寄付金にあった。しかもその基金は、資産家の大口の寄付ではなく、勃興しつつあった新興中産階級の人々の小口寄付であった。それぞれの学校は、株式会社に似た共同出資団体（joint-stock enterprise）によって運営された（M.G. Jones, p.43）。

この事業の特筆すべき点は、たとえ寄付金によってであれ、貧窮児の教育に多くの人々が出資し、統一的な組織を作り上げ、一種の公的事業へと教育活動を移行させたということである。国家による関与こそこの時点では存在せず、そしてまた租税負担もなかったが、多くの人々の拠出金による半ば公的な性格、すなわちＮＧＯ的性格を持つ組織によって、教育活動が展開するようになっていたのである。教義問答書を共通のテキストとし、国教会の熱心な信者であることを教師の条件とするのは、神学校で神学を修めた者のみが聖職者に就任しうるようにした教会の仕組みとまったく同じである（谷、一八五頁）。SPCKはキリスト教の伝統を継承した組織であることはいうまでもない。

寄付金に依存したということは、この組織の財政的基盤が不安定であったことを意味する。しかし財政問題のみならず、この協会による学校は組織的に大きな弱点を持っていた。この運動は、供給者側の宗教的情熱によって支えられた運動であり、会員の無私の奉仕活動に多くを負っていた。しかし情熱はいつかは冷めるし、情熱の冷却は当然寄付金の減少へとつながることとなる。一八世紀になると慈善学校運営に対する情熱は冷却し、SPCKの主要な目標は、海外での奴隷解放問題へと向かい、その軌道を修正していった（M.G. Jones, p.53）。またSPCK自体、成立当初のプロテスタント的性格は次第に薄れ、国教会への傾斜を強め、国教会の教義を教える機関へと変容していった。

この運動の衰退の後、当時新たに宗教的影響力を貯えつつあったメソジストたちによって運動は継承され、「日曜学校（Sunday School）運動」として新たな展開を示しはじめた。当時、産業革命の進行によって児童労働が広まり、児童の週日の就学が困難となってきた。そこで新たに、安息日にのみ開かれ、もっぱら宗教教育を中心とした学校へと、慈善学校は方向転換を始めることとなった。この日曜学校もまた全国日曜学校振興協会（Society for the Establishment of Sunday Schools throughout the Kingdom of Great Britain）を結成し、本部が規約を制定し、各学校に基本方針を指示するという、組織的運動を繰り広げた。

宗教団体による統一組織の伝統

慈善学校にせよ、そしてまた日曜学校にせよ、一大組織運動として繰り広げられた。すなわち、本部が各教区に存在する学校に指示を与えることによって、一定の統一性を保った学校を作り上げた。内外学校協会や国民協会のような、義務教育制度成立期に中心的役割を果たした民間の団体が存在する以前から、国内はおろか、国際的な教育運動を展開する組織がすでに存在していたのである。

しかしこの段階の学校とは、次のような社会的条件の下にあった。教授活動の分業化は、まったく進展していなかったし、マスターとしての教師が、助手を雇って細々とした零細経営を行った。また日曜学校のように一般の人間が慈善事業として教えるなど、教師の資格や水準が問題とされながら、明確な解決の方策を持ちえなかった。教師の仕事をフルタイムにする努力を重ねながら、現実には教区牧師が教師を兼ねる例も存在した。先にもみたように、しばしば資格よりはむしろ、国教会に対する忠誠度や、信仰心の篤《あつ》さという宗教的心情が、教師という仕事を構成するもっとも重要な要件であった。このような信仰心や情熱に支えられる限り、組織の脆弱性は免れえない。慈善学校や日曜学校は、いまだに人間性が大きな役割を果たす学校であった。

学校も同様に、きわめて雑駁《ざつぱく》たる状況にあった。単独の施設として学校が建築されるにしても、多くは教会に隣接し、強力な宗教的影響の下にあった。さらに学校は基本的には教師の家族が同居する職住一体型であった。すなわち建物の一部は教場として使用され、他は家族の私的空間として使用された。したがって、教授活動は、日常生活や宗教活動との混合状態の中で展開したのであり、その独立は不可能であった。また日曜学校の場合、個人の私宅を利用する場合が多かったが、この場合の私的生活と公的生活の混合は避けえないことであった。

多くの慈善学校が作られ、組織的に統一されたにしても、日常の教育活動の不安定性を克服することはできなかった。それは、バーナードがみたような分業制導入前の「オールドシステム」であり、非効率的であった。まだ、事前制御を通じて、組織による安定的な教育活動の提供をするまでにはいたっていなかった。

とりわけ、組織の統一という点からみていえることは、分業制に立脚し、命令・指揮系統を明確にした組織統一ではなく、聖書をもっとも重要な手がかりとしつつ、キリスト教の理念により精神的に統一された組織であった。それは、換言すれば分業なき統一組織であった。しかし、需要の存在とはかかわりなく、そしてまた分業の進展とは無関係に、宗教団体が全国規模の組織を形成するという伝統が、このようなキリスト教の文化の中で育《はぐく》まれていた。国家による統一的組織化が進行するよりもはるかに早く、宗教の世界で組織化の動きが誕生していたことは確認されておかねばならない。

大量情報伝達装置としてのモニトリアル・システム再評価

モニトリアル・システムを担った内外学校協会、そしてまたこの傘下に入った学校は、分業制に立脚した組織を形成した点で、明らかに一八世紀に大きな役割を果たしたＳＰＣＫとは違っていた。この統一された学校で提供される教育というサービスは、ファースト・フードのサービスと同じように、組織によって提供されるものとなった。人間による知識の伝達から、組織（システム）による知識の伝達へと、伝達形式に大きな変化が生じたのである。すでに述べたように、ランカスターの学校に来た多くの見学者が、このシステムを機械装置と見なし、賞賛したのも当然のことであった。

ＩＴ革命が進行しつつあり、情報伝達機器としてのコンピューターの普及がめざましい今日、われわれは機械を単なる生産の道具としてのみ考えることはできない。大量に、そして迅速に情報を伝える情報伝達装置を機械としてみるならば、ランカスターによって開発されたモニトリアル・システムとは、3R'sを大量に、かつ迅速に、多くの子どもたちに伝達するための、ある種の情報伝達の機械装置として開発されたとみることが可能である。

汎用機としての情報伝達装置の発達は、機械装置をハードウエアとソフトウエアとに区分することとなった。このような装置の区分は、そのままランカスターが開発したモニトリアル・システムという情報伝達装置にも当てはまる。彼は明確に二つの領域を区分していた。

まず、ソフトウエアとして3R'sが教えられたが、それは一定の加工が施された情報であった。コンピューターにおいてアナログ情報がデジタル情報へと変換されるように、この学校でも情報伝達の徹底的なデジタル化が行われた。

慈善学校や日曜学校、また国民協会の学校では、書き方よりも、読み方が重視されていた（斎藤新治、一九八頁）。文字の習得は信仰に従属し、神の言葉と不可分の関係、すなわちアナログ状態にあったのである。宗教の世界のみならず、当時の読書とは一般的に、身体の動き、すなわち身体技法と不可分な関係にあった。モニトリアル・システムの普及により、「読むことは身体技法から切り離され、逆にそれらを無力化していくうえで一役かうようになった」（松塚、一二七頁）。

こうして、ランカスターの学校では、文字の習得は宗教や身体技法から完全に分離され、独立していた。ファースト・クラス、すなわち砂の上に文字を書いた最初のクラスで、アルファベットを習得するために、先にみた図2−7のようなレッスンブックが使われた。このレッスンブックは二つの点で特徴的である。まず、文字のみが書かれており、いろはカルタのような絵をまったく伴ってはいない。そして第二の特徴は、これらの文字が分類され、直線のみからなる文字、斜線からなる文字、曲線からなる文字の三コースへと分類されているということである。要するに直線が一番書きやすく、曲線の入った文字が書きにくいという理由で、アルファベットの文字さえも、難易度に応じて分解したのである。

正誤のみの二者択一の解答方式、それは教育情報のデジタル化であった。さまざまな要因が絡み合った文脈依存的、あるいは状況依存的な教育内容、すなわちアナログな情報では、モニターの負担に耐ええない。文脈から完全に切り離され、単なる細分化された正誤のみの情報として3R'sがデジタル化されたからこそ、モニターでも容易に覚えることができたし、また伝達可能となったのである。教育内容の難易度による段階化とは、このような技術的要請に応えるための基礎的作業であった。

規律・権力が支配する空間

このようなソフトウエアの単純化された伝達活動を可能にするためにこそ、一連の複雑な組織の整備がなされた。それはハードウエアの整備であり、その中心的位置を占めるのがクラスであった。このクラスが円滑に駆動するために、モニターや生徒の能力による序列化、命令の没人格化、時間の定量化と共時化、空間の固定化等の事前制御が必要となった。システムの運営、企画はマスターの掌中にあり、モニター側にいかなる判断の余地も与えられなかった。

それは同時に、子どもを規律化するという、人間の改造を伴っていた。規律化は学校という機械装置が成立するための要《かなめ》である。それは組織の命令に無条件に服従する行為であり、ランカスターはこのモデルを、上司の命令への絶対服従を兵士に要求する軍隊に求め、生徒を訓練した（安川、二一四頁）。軍隊的規律で一斉に生徒が動くからこそ、ソフトウエアとしての3R'sの大量伝達活動が実現したのである。

この規律は、長年キリスト教の修道院の中で育まれてきたのであり、そしてまたプロテスタントが世俗の世界に持ち込み、人から属性を奪うことによって、実現したものであった。すなわち、かつての地縁・血縁関係や身分制のような社会的属性を除去しないことには、人を規律ある行動にかり立てることはできなかった。クウェーカー教徒としてのランカスターには、このようなプロテスタントの思想が、脈々と流れていた。

フーコーは、『監獄の誕生』の中で、このような規律訓練についての分析を展開しているが、このモニトリアル・システムこそは、このような規律・権力が実現した典型的な空間であった。この機械装置としてのモニトリアル・システムを動かす鍵としての規律の弛緩《しかん》は、この機械装置の円滑な運転に重要な支障をもたらす。したがって規律違反のモニターに対する処分法が明確に規定されたのはいうまでもない。

モニトリアル・システムは明らかに機械装置であった。それは貧困な人々の日常的生活の中で形成された共同体的な親密な人間関係から一線を画した、「地域に閉ざされた学校」であった。そこは、地域社会の日常的生活モードとは異質な、没人格的な学校モードが支配する空間である。教師として働くモニターも、そしてまた生徒もこのモードの切り替えを着実に実施できなければ、システムはシステムとして機能しえない。

しかし、無機的に動く機械化された学校という世界が、人を引きつけるはずはない。需要に基づかない学校は、個々の子どものリズムに合わせる存在ではなくなっていた。逆にシステム化された学校のリズムに、子どもが合わせていかねばならない。

競争の創出による「学級」の完成

このような学校に、彼らを向かわせるには、学校自身が魅力ある存在へと変化しなければならない。需要そのものが脆弱であるならば、学校が需要を生み出すように働きかけねばならなかった。没人格化され、子どもには疎遠であるはずの学校が試みなければならなかったこと、それは需要が存在しなくとも成立しうるように、学校というシステムの「自己準拠の戦略」(内田、一二頁)を強化することであった。

モニトリアル・システムによって学校の中に導入されたクラスは、生徒を一括して処遇するためのパッケージにとどまらなかった。クラスは、競争を促す集団としても編成されたのである。ランカスターは、同一能力により均質化されたクラスという人為的集団を作り、この集団を媒介とするゼロサム競争と賞罰制度により、システムを通じた欲望の創出を行う端緒を切り開いた(Hogan 1989)。競争の勝者に用意された賞品と名誉とが、生徒の間に強烈な学習意欲を作り出した。システム自身が働きかけて、需要を作り出したのである。3R'sという知識の習得に賞品と名誉という付加価値を加え、学習意欲の喚起を行う方策がここに開発されたのであった。

組織内組織としての「学級」はここに完成する。授業の成立に不要な人物、物がすべて排除され、また学習活動には無縁な活動が入り込むことも大幅に制限される。そして同一年齢や能力、同一教育内容、同一教師、同一時間、同一空間というように、授業を構成するすべての要素が同一化され、揃えられてしまうと、「学級」は無条件に生徒の中に競争状況を作り出す。このシステムは、生徒相互間に、名誉の獲得と恥辱の回避への欲望を最大限にかき立てる。

こうして学校は、「学級」を通して成績差が作り出すこのゼロサム競争を学習への駆動力として利用し、自己の力で生徒を引きつけ、自己の存続を可能とするようになった。

子どもが味わう疎外

近代学校は、学級制というシステムを整備することにより、より安定的かつ効率的な生徒の欲望の創出を実現したのであった。学校は近代化を目指したどの国においても、この学級制というグローバルスタンダードを整備した組織として、義務教育制度の成立の過程で整備され、一方において社会が必要とする知識の伝達という社会化の役割を果たしつつ、他方では人材の選別、配分機能を担っていく（パーソンズ）。学校の存立はこの「学級」における欲望の創出具合にかかっている。教育機構の最前線にある「学級」は、生徒の間に欲望をかき立て、学習へと動機づけていくもっとも重要な道具となった。

学校の存立に決定的意味を持つ「学級」は、しかしながら安定的集団ではなく、常に解体の危機に直面している。なぜなら、共同体的結合原理から離床して出現した「学級」とは、疎外された場だからである。「学級」は生徒にとっては、疎外に満ち満ちた世界である。

第一に、児童・生徒であるということは、多面的・全体的存在である子どもが、ひたすら学習活動をすることのみに自己の行動を限定され、他の多くの活動を制限されることを意味する。いろいろな技や知識を習得することが遊びや仕事と明確に区別されることなく、また多様な大人の中に紛れ込んで生活していたかつての「小さい大人」（アリエス）は、同年齢集団に分類され、外界から隔離され、学習だけにエネルギーを集中する生徒へと変容させられた。児童・生徒とは、バランスの取れた全体的存在としてではなく、一面的生活を余儀なくさせられた存在であることを意味する。前近代社会においては決して経験することのなかった、異常な世界へと子どもは組み込まれたのである。

第二に、彼らが閉じ込められることとなった世界とは、彼らの意思を無視して、機械的リズムで動く装置である。チェーン化した学校で、流れ作業のごとく動いていく組織のリズムに、生徒は自分を合わせねばならない。「学級」とは、この組織のリズムが強力に作用する場、すなわち規律空間である。個人の好み、理解のスピード、成績のレベルはすべて無視されることによって、「学級」を通じた授業は進行する。したがって、自己抑制という規律が大きな負荷をかける一種の高圧釜として、「学級」は子どもに重圧を及ぼす。しかも彼らはゼロサム競争の世界に投げ込まれてしまっている。地縁・血縁関係や身分関係などの属性を剝奪《はくだつ》された生徒は、これまで身をかばってくれた家柄や義理人情というような社会的保護膜を喪失し、匿名化された裸の個人として、競争の世界の中に投げ込まれる。試験による競争は、彼らの自己抑制を促進し、「学級」という規律化された高圧釜の内圧はさらに強化される。

第三に、学校という組織のリズムに従うことは、学校の権威的秩序に従うこと、具体的には生徒が教師の命令に服従することを意味する。またそれに付随した役割演技を求められる存在となった。子どもは児童や生徒として行動しなければならず、独立した大人として、ましてや教師として振る舞ってはならない。生徒は必ず教師に対する服従者として振る舞わねばならない。このことに失敗すると、厳しい制裁が生徒を待っている。

強烈な圧力に耐え切れない生徒たち

多面的存在であるはずの子どもは、生徒として学習活動に自己を限定する一面的存在となり、また教師の指示に一方的に従属せねばならない受動的存在となる。また何ら互いに面識もなく、自分の好き嫌いの意思を表明することも認められない生徒が、強制的に集団を組まされる。喜怒哀楽の感情を持つ人間が、見知らぬ人との年間を通じた空間の共有を、教室という場で強制される。さらに否応なしに、競争によって相互排他的関係に追いやられる。このような生徒が、学校外の多くの魅力ある活動に誘発され、そしてまた、強烈な規律的圧力に耐え切れなくなって、暴発する可能性はきわめて大きい。

「学級」が疎外された場として放置されれば、生徒側のバランス回復の衝動は暴走し、たちどころにこの欲望創出という自己準拠機能が弱体化する危機を生じる。また生徒間の野放しの競争は、いうまでもなく敗者の学校への否定的感情や生徒間の軋轢、そしてまた教師への敵対感情をもたらす。「学級」とは、一方で競争による欲望を創出しながらも、同時に他方では、疎外状況から離脱し、自己回復への途を追求する新たな運動が発生する場となる。

この問題は、義務教育制度に対する労働者階級の反発として具体化した。時間割もカリキュラムもなく、学級制度も存在しない私設の学校に気軽に行っていた子どもが、強制的に規律空間へと組み込まれ、突如目の前に出現する教師の権威に服従を求められる。このような規律化された世界に、貧困な生活の下で生き延びていかねばならない子どもが、簡単に同化できるわけはない。競争とは違う、別の自己準拠活動を備えないことには、学校の存立は危うくなる。

2. 司牧権力者としての教師

レスペクタブルな人間

一九世紀初頭、それは産業革命が進行し、伝統的貴族勢力の凋落《ちょうらく》と新興中産階級の台頭という、階級再編成が進行した時代であった。これら中間階級に属する人々は、社会を支配するにふさわしい近代的市民像として、尊敬に値する「レスペクタブルな」人間であることを強調した。彼らは、放蕩《ほうとう》な生活を送る貴族からも、そしてまた貧困と怠惰にあえぐ下層階級とも明確に区別された、新しい人間像を提示した。それは、徹底的な自己抑制を社会の指導的地位に就く人間に求める言説であった。

この新たな新興中産階級の自意識は、国教会の信者T・アーノルド（Arnold）により導かれたパブリックスクールの改革にもっとも典型的に現れた。モッセは、中産階級の子弟訓練のために、寮生活にスポーツ活動を導入し、生徒の規律化を進めていったパブリックスクールを引き合いにだしながら、当時の時代精神を次のように述べている。

自己制御は、服従と指揮の方法を学ばねばならないイギリス支配階級の養成において決定的に重要と見なされた。（大学入試直前の）第六学年生は学校を支配し規律を強制した。他方、新入生は第六学年生のために「雑用奉仕」、すなわち彼らの召使いとして言いなりにならなくてはならなかった。自己制御はリーダーシップにも絶対不可欠な要素であった。牧師チャールズ・キングスレー（一八一九〜七五年）はその大英帝国小説『いざ、西方へ！』（一八五五年）において、次のように要請している。「汝自身に対して勇敢たれ。汝の妄想と煩悩を義務の名において克服せよ。自分自身を支配できない者が、どうして自分の仲間や自分の運命を支配できようか」（モッセ、一〇六頁）。

自己抑制的態度を身につけ、レスペクタブルな生活を送ることを社会の指導者に求めた中産階級は、貧しい子どもの中に入って道徳的教化活動を担う教師に対してもまた、同じ態度を身につけさせようとした。このレスペクタビリティー言説によってもたらされたテクノロジーは、意味を喪失し、無機的に動く学校から離反しがちな子どもと教師を再度学校へと誘うために、大きな役割を果たすこととなった。学校の自己準拠性は、競争とは別の形態を取りながら、学校の存立を補強していく。

道徳を教える教師の出現

初代の枢密院教育委員会の事務局長に就任したケイ・シャトルワースは、熱心な国教会の信者であった。マンチェスターで医師として貧民救済活動に従事していた彼は、モニトリアル・システムの限界を悟り、ストウの幼児学校をみることによって、ギャラリー方式の授業形式に傾倒していった。そして彼は、キリスト教の精神に満ちた教師を養成することを目指して、一八四〇年にロンドンの郊外バタシーに師範学校を私費で開設した。この教育方針もまた、全寮制をしいて生徒を社会から遮断し、修道院的雰囲気の中で生徒に共同生活（corporate life）を体験させて共同意識を涵養《かんよう》しながら、将来の教師を養成しようとした（Rich, pp.75-76）。

バタシー師範学校の目的は、教師の性格形成（formation of the character of the school master）にあった。将来、貧しい家庭出身の子どもを悪い環境から引き離し、教師としてこれらの子どもに道徳心を植えつけねばならない。生徒が訓練されるべきは、何よりも「自己犠牲の精神（the spirit of self-denial）」であった。ケイ・シャトルワースによれば、将来教師になる若者が、知的能力の高さを身につけるだけでは、虚栄心や反抗精神、そしてまた利己的野望を生み出すこととなり、教育に対する不信感を生みかねない。何よりも、師範学校の生徒たちは、キリスト教の精神に満ちた教師でなければならないし、またそれゆえに、レスペクタブルな人間へと育てられねばならない（Tholfsen, pp.126-127）。

自己の欲望を抑え、愛他的に行動しうる人間だけが、貧しい子どもたちに道徳を教えることができるし、生徒との共感を味わい、知識愛を伝えることができるというわけである。

したがってこの師範学校は、徹底的な修道院的雰囲気を持った学校として創設された。贅沢《ぜいたく》はすべての面で排除され、質素な食事や身なり、そして一日の大半を農作業に従事させるという、禁欲主義の充満した中で、教師訓練が開始されたのである。そしてこの師範学校は、その後のイギリスにおける師範学校のモデルとして大きな役割をはたすこととなった（Rich, p.64）。

学校を単なる3R'sの伝達を担うモニトリアル・システムという「教授のエンジン」から「道徳的訓練の機械」へと変える言説が産出される。学級は単なる成績をめぐる競争の場ではなく、教師が生徒の一人一人を把握し、内面にまで入り込むことによって、より細かく支配する場へと変容する（K. Jones and K. Williamson）。それは、モニトリアル・システムの個人を徹底的に規律化して、3R'sを伝達するという方法に代わり、より内面的に人間を捉える方法の誕生であった。またこの動きは、賞罰という功利的な動機に訴えるのではなく、教師の人間的魅力、あるいは内面的な働きかけによって子どもを引きつけようとするものでもあった。

司祭としての教師、迷える羊としての生徒

こうして、ケイ・シャトルワースが学校建築に際し、ギャラリー方式に傾倒していた理由が明らかとなる。モニトリアル・システムの等級制によるクラス編成では、生徒は成績次第で常にクラスを移動するために、モニターと生徒の継続的接触も、そしてまた集団における生徒間の相互関係も成立しえない。これに対し、ギャラリー方式の教場は、教師と生徒の対面的接触の機会を与えた。教師は対面的接触を通じて、個々の生徒の心をつかみうる人間として、学校の中で決定的役割を担わされることとなった。教師による生徒の規律化、そしてまた不断の監視は、キリスト教的愛の現れとして正当化されていく。こうして、モニトリアル・システムの合理的組織からは排除された情緒的な関係が、公然と学校組織の中に入り込む。

幼児学校運動を担ったストウやケイ・シャトルワースは、明らかにモニトリアル・システムの批判者であり、教師と生徒が対面するギャラリー方式の有効性を強調した。しかしこのモニトリアル・システムに対する批判運動は、権力関係という角度から見れば、対立的なものではなく、むしろ補完的意味を持つ。彼らはモニターを使う教授方式には否定的だったが、モニトリアル・システムがもたらした分業制そのものへの批判者ではなかった。特にケイ・シャトルワース自身は、モニトリアル・システムが備える分業制が拡大して成立した教育行政機構の中に身をおく官僚であり、この立場から、教師へのキリスト教精神の注入を強調したのである。

このモニトリアル・システムとギャラリー方式の関係は、フーコーの権力論を通じて説明できる。フーコーが『監獄の誕生』で展開した規律権力の具体的現れがモニトリアル・システムであるならば、ギャラリー方式とは、彼が晩年に強調した司牧者権力の具体化に他ならないからである。フーコーは、講演『全体的なものと個的なもの』において、国家に向かって集権化する権力とは反対のベクトルを持つ権力、すなわち「個別化」の方向性を持つ権力を、「司牧者権力」（翻訳では牧人権力）と呼んだ（フーコー、一九九三年、一四頁）。二つの権力は、補完しあいながら現代の学校の権力関係を支えている。このような学校組織を、I・ハンターは「司牧型官僚制組織（pastoral bureaucracy）」と呼び、その特性を描き出した。

ギャラリー方式の教場編成、あるいは宗教的情熱に燃えた教師の徹底的な自己抑制の態度、そして教師による生徒の内面まで行き届いた配慮は、まさしくフーコーのいう「司牧者権力」の具体化そのものであった。犯罪、貧困によって汚染された子どもをその成育環境から引き離し、教場という閉鎖的空間の中で対面しながら教育し、未来の生活のために訓練していくことは、子どもの幸福実現のために、教師が積極的に働きかけることを意味する。

この教師・生徒関係を羊飼いと羊の関係になぞらえる司牧関係を貫く論理の出発点は、原罪説にある。現世における罪に堕《お》ちた状態と、来世における救済とを結合する論理として、司牧関係は成立する。来世における救済が約束されるためには、現世における罪の自覚と悔い改め、積極的な自己否定が必要である。「キリスト教では、救済は、自己の放棄によって達成されます」（フーコー、一九九三年、二三頁）。同時に、そのような禁欲主義的態度が信者の中に形成されるように指導する司祭の支配が不可欠なものとなる。

愛情による秩序形成

どのようにして、この罪の自覚と自己放棄、あるいは自己否定を子どもに促すのか。学校の中に導入された司牧関係の要はここにある。ハンターによれば、ストウやシャトルワースによって作り上げられていったギャラリーと遊技場とは、このキリスト教的司牧関係を世俗的な建築の面で具体化したものであった（Hunter, p.73）。それは、もはや教会という聖なる場において、司祭と信者との間に行われる密かな告解ではなく、世俗の場としての学校における子どもの観察と指導として行われた。

特にストウは学校の中に遊技場を作り、子どもが無心に遊ぶ様を教師がつぶさに観察することを求め、内面の管理というキリスト教の司祭が長年蓄積してきた告解の技術を、教師が備えることを要求する。彼が幼児学校と少年学校を併設して作った学校では、教場と遊技場とは、密接に結びついていた。彼は図４－１のように、教場を「天井のある教場（covered school room）」と呼び（上図）、そして遊技場を「天井のない教場（uncovered school room）」と呼んだ（下図）。「天井のない教場」としての遊技場は、子どもたちが天真爛漫に何はばかることなく遊び回る場である。しかしそれは教師によって、静かに監視される「道徳的監視（moral superintendence）」の場でもある。この遊技場で見いだされた弱い者いじめや暴力行為は、「天井のある教場」において直ちに糾弾され、矯正されることとなっていた（Stow 1850, pp.135-146）。

子どもの動きをつぶさに観察し、彼らの中の悪の芽を見いだす教師は、罪を背負い、卑小で無力な人間を救済するという新たな役割を備えることとなった。子どもは罪を背負った存在として、自己を認知し、自己抑制、努力をすべき対象とされていく。それは俗人に特別な実践を求める、キリスト教的司牧教育学（pastoral pedagogy）の歴史的再来であり、生徒が反省的人間として自己を認知しなが

COVERED SCHOOL ROOM.

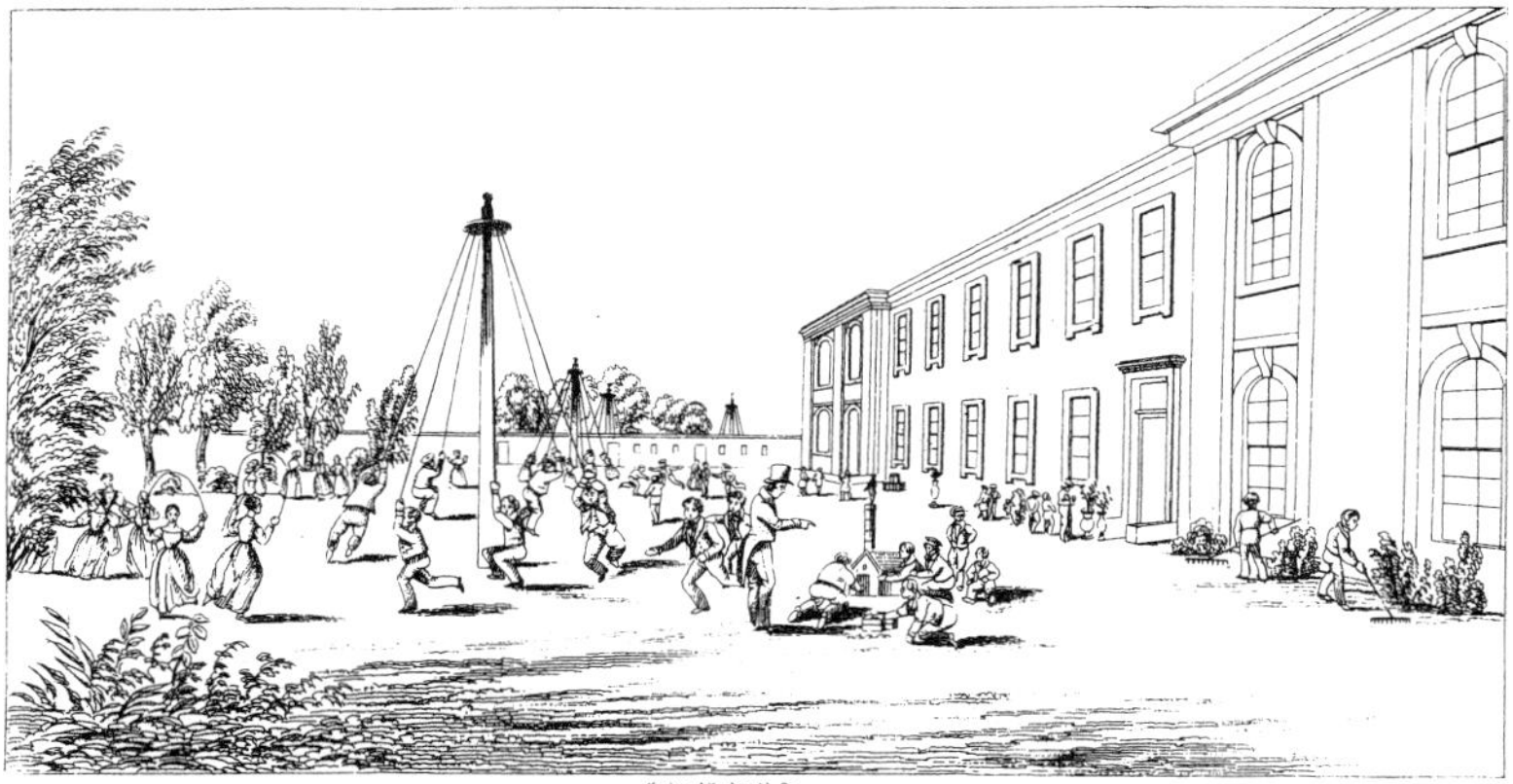

UNCOVERED SCHOOL ROOM.

図4-1　天井のある教場（上）、天井のない教場（下）
（Stow, *The Training System*, 1850より）

ら、自己に関する自己の仕事をする」（Hunter, p.34）ように仕向ける実践であった。

必然性のない教師・生徒関係はこうして、司牧関係という宗教的信念によって秩序化可能となる。学校という機構が特定の秩序を持ち、子どもがこの学校組織へと組み込まれねばならないなら、彼らの中に「自己否定的な服従を高める被虐愛の態度が形成されねばならない」（バーガー、八三頁）。成績が上がらないのは「私にいつも怠け心がある」とか「私は努力が足りない」という罪の意識が生徒の意識の中に芽生えれば、ことは円滑に進む。さらに、生徒の中に喜んで支配に従う被虐的な自己否定の感情が喚起され、「怠け心に打ち勝つ自分」や「努力する自分」という、抑制的自己イメージに酔うことによって、生徒は学校秩序の中に組み込まれていくのである。被虐愛の精神が醸成されれば、教師のさまざまな命令は、そのような弱い自己を立ち直らせる正当な権力となる。

逆に教師には、生徒を服従せしめることを正当視する加虐愛の感情を呼び起こさねばならない。迷える生徒たちに、進むべき道を示すことのできる牧人として、自己の位置を認知すれば、あとは円滑に進む。「自己の行為は生徒の救済のためにある」という自負心は、教師をして積極的な教授活動の担い手へと向けていく。そこには、機械のリズムに従って受動的に動く存在としてではなく、生徒のために能動的に行動する、救済者としてのイメージが形成される。自分は生徒のためにあるという陶酔感は、教師のエネルギーを引き出す最大の要因となる。

この教師の側の加虐愛と生徒の側の被虐愛との一体的関係の成立こそは、安定的教師・生徒関係成立の基本要件である。教師がこのようなカリスマ的権威を賦与されれば、そのまま生徒の自発的服従心を獲得することは、いともたやすいこととなる。システム化された組織の被雇用者としての教師と顧客の間の関係としての教師・生徒関係は、緊張関係を免れえなかった。この緊張を含む関係の中に、加虐愛と被虐愛で結合された教師対生徒という関係が入り込むと、インパーソナルであった関係が、パーソナルな性格を次第に帯び始める。幼児学校運動は、教師と生徒の関係がパーソナルな性格であるかのような印象を作り出し、愛情を中心とする言説は、モニトリアル・システムへの批判として展開することとなった。

児童中心主義という言説

一九世紀後半になると、出来高払い制や義務教育制度の開始により、再び新たに教師の自己抑制と奉仕精神の強化が求められた。教師は公教育制度という管理システムの中に組み込まれ、生徒の試験の結果について、視学官による教授能力の審査を受けねばならないこととなった。しかし義務就学は、教師に対する生徒の抵抗を生み、荒れる教室が出現した。そして、試験の成績と生徒の出席率が悪ければ、国の補助金が削減される恐れがある。

教師のこの状況は、職業的満足度の低さとなって現れ、絶えざる転職、離職をもたらし、教師供給の重要な隘路となっていた（D・ジョーンズ、一〇四頁）。このような低い職業的満足しか持ちえない教師に生徒をゆだねることの危険性はきわめて高い。彼らに精神的な満足をもたらす訓練の実現も急務であった。非宗派主義の原則を課された結果、宗教教育は大きく制限されていく。教師を教職へと動機づけ、生徒を教室秩序へと馴致《じゅんち》するには、さらなる努力が求められた。

一九世紀後半に、ルソーやペスタロッチの思想や実践に関心が集まり、子どもの自発性、主体性を強調する教育思想が脚光を浴びてきたのは、このような司牧者権力の補強のためであった。児童中心主義という、子どもの幸福実現をうたい文句とする教育思想は、多くの教師を引きつけた。ここでは名門校を価値づけた記号とはまた異質な記号が登場する。ルソーやペスタロッチという人名があたかも聖人のごとく人々の心に訴え、「童心にかえって」、「子どもとおなじ眼の高さで」等の言葉が人々の口に日常的に上りだす。

排除したはずの宗教性が……

「進歩主義教育運動」として知られる「児童中心主義教育思想」が、なぜ一九世紀に登場し、世界的に広がったのか。それは、義務教育制度として完成した機械的システムに人々を同化させ、とりわけ教師を適応させ、愛他的使命感を持たせていくために、感情に訴え酔わせなければならなかったからである。規律化された合理的システムの存立には、感情的同化という手法を積極的に活用する必要がある。

ハンターは、児童中心主義教育思想によって作られたクラスについて、「将来の市民の為に、絶えざる道徳的監視を行うように配慮された場である」(Hunter, p.82) と言う。義務教育制度は「自分の仕事は児童のためにある」として、自ら児童との間に緊密な信頼関係を築き、児童の行動を観察し、そして彼らの未来のために献身的態度で接するような積極的意識を、教師の中に作り出さねばならなかった。「進歩主義教育運動」とは、人を酔わせ、学校というシステムが持つ冷たさに対し、感覚的に麻痺させる機能を果たしたのである。

教師にとってこのことは重要な意味を持った。没人格的なシステムに組み込まれた教師にとって、子どもの未来を託された存在として自己の仕事を再確認することは、職業的アイデンティティー確立上、欠くことのできない作業であった。児童中心主義という理想を掲げ、子どもの幸福に全生活を捧げる教師像への自己陶酔は、教師のエネルギーを高揚させるに最良の方法であった。

児童中心主義教育思想は、キリスト教の下で生まれた司牧言説から表面上は宗教性を抜き取り、世俗化した言説であった。しかし依然としてそれは、宗教意識として存在している。J・マイヤー（Meyer）は、現代人が学校や教育に対して抱く意識を「擬似宗教性（quasi-religious character）」という言葉で表し、「教育を、合理性を伴う組織構造によってではなく、信仰によって結びつけられた近代の宗教システムとして見るほうがよいであろう」と断言する（Meyer, p.352）。越智康詞はこのマイヤーの考えをさらにすすめて、進歩主義的教育、あるいは教育ヒューマニズムと呼ばれる立場の人々の言説や振る舞いを、「教育とはそれ自体よいものであり、それはまずなによりも子ども自身のためのものである、という信仰のもとに組織された言語ゲーム」として位置づけた（越智、一九九〇年、一五八頁）。教育の非宗派主義が確立し、そしてまた公教育の宗教的中立性が強調される一方では、人々は熱い思いで「教育はかくあるべし」と語るようになったのである。

こうして、司牧関係の延長上に成立する教育言説は、宗教と同じ論理構造を備えるのである。供給先行型組織としての学校は、単に供給者側の宗教的情熱によってのみではなく、広く児童中心主義教育思想、あるいは「子どものために」という広範な日常意識を作り出すことによって、需要が脆弱であろうとも、安定的に成立しうるようになったのである。

「良い教育」対「悪い教育」

司牧言説は、神の存在を信じ、人間の罪の深さを自覚するという宗教的心情から生まれたのであり、現実に根拠を持つものではない。いわば神という記号に対する心の作用が、すべてを支配する。

この神という記号によりかき立てられた言説は、二項対立的な単純化された論理構造を持たざるをえない。「司牧関係は、救済か否か、天国か地獄か、あるいは聖か俗かという二者択一を迫る教義から生まれ、またその歴史は、正教と邪教、正統と異端の争いとして比較的単純な二項コードによる対立図式を随伴してきた。現在の欲望の充足か未来へ向けた禁欲か、信者は常に二者択一の決定を迫られる。キリスト教のこれら単純な対立的記号図式が、そのまま教育言説へと継承された。

児童中心主義という新たな司牧言説は、問題をすべて二者択一的問いかけの枠の中に押し込んだ。本来、学校で生じる問題は、供給先行型のシステムと顧客の関係、すなわち子どもとは別の論理で存在している学校というシステムと、無理に学級制を通じて参加を強制される児童・生徒の関係の中で問われるべきことであった。教師・生徒関係は、従業員対顧客関係として検討されるべきことだった。

ことはそのようには進まなかった。教師・生徒関係は、周知のごとく児童中心主義教育思想の成立により、「子ども中心対大人中心」という論理の中に組み込まれ、二者択一的思考パターンが広く教育界に広まったのである。それは直ちに、「経験中心対学問中心」、「生活中心対教科中心」という単純化された図式のカリキュラム論争となって教育界を被った。われわれは今も、このような二項コードの渦中にある。宗教としての教育言説は、あるいは記号としての教育言説は、「良い教育」対「悪い教育」という二項コードの記号を作り上げる。

このような言説による学校組織存立の正当化のメカニズムは、実は学校以外においても、今日卑近な形で普遍的にみることができる。消費社会において組織は存立を正当化するために、ブランドという記号価値を身にまとい始める（若林）。しかしこれもまた、二者択一の世界である。ブランド崇拝者には、ブランドとは神聖な存在である。彼らブランド信仰者には、特定の商品は光り輝く、聖化された絶対的存在であり、その前では冷静な判断、思考は停止させられてしまう。記号化された商品を受容する論理は、「ブランドか否か」、「本物か偽物か」という真贋《しんがん》論争へと人の関心を向けさせていくという特徴を持っている。「本物志向というフェティシズム」（丸山、三三頁）の罠《わな》は、商品の渦のなかに飲み込まれていることを、冷静に見る目を閉ざしてしまう。

危機に陥った組織の存立が、聖化された記号を持ち出すことによって安定化する。この点では、学校も企業組織も変わりはない。感情を抑制し、人間の合理的判断に基づいて成立するはずの近代的組織が、この聖化された記号によって支えられるという奇妙なパラドックスが出現しているのである。人は教育を語るとき、「良い教育と悪い教育」という、真贋論争の中に完全に入り込んでしまったのである。言説への依存が強化されるに従い、当の学校組織の存在は自明視され、存在が自己目的化する。機能性を軸にした学校評価は徐々に遠のき、言説の記号価値、すなわち言葉が放つ気分や、イメージ効果へと人々の関心は向けられていく。

二つの原理が貫く特異な組織

M・ヴェーバーは、官僚制の進展を「呪術からの解放の過程」（ヴェーバー、一九八八年、一一四頁）として描いた。彼が理念型として提起した官僚制組織は、合理性を追求するために、カリスマ的関係や伝統的支配関係から生まれた非合理的要素を徹底的に排除する。感情的関係は、合理的行為の対極に位置する理解不可能な関係であった（山田、四七頁）。しかしこの世俗化され、合理化されたはずの組織の中に、司牧関係による指導者と被指導者との濃密な人間関係が入り込み、特異な学校組織を作り上げたのである。

学校という官僚制組織が辿ったのは、脱呪術化ではなく再呪術化の道であった。二〇世紀後半に登場したチェーン・システムよりもいち早く成立した義務教育制度は、教育言説という記号価値によって人を酔わせることなしには存立不能だったのである。学校はこの言説によって保護されることにより、かろうじて安定性を確保しているとみることができる。

ハンターは、学校の存立を需要供給関係の中では論じていないが、このようにみると学校とは明らかに、二つの原理が貫いた特異な組織であることが明らかとなる。すなわち、一つには、チェーン・システムを作り上げる需要供給関係が、脆弱な需要を競争によって事後的に形成するとはいえ、確かに存在する。そして他方では、需要供給関係の脆弱性を補うべく、利他的に教師が生徒の幸福のために自己抑制を強化する司牧関係、すなわち宗教的関係が存在する。

それは、二つの教師・生徒関係として、学級内に出現する。まず、組織対顧客あるいはその系にある従業員対顧客関係としての教師・生徒関係であり、サービスの善し悪しをめぐって、また利益の獲得をめぐって、対立する場面がしばしば発生する。他方、魂の救済のために生徒の内面にまで介入する、個人対個人関係としての教師・生徒関係が、司牧関係の延長上に成立する。教師の側の自己抑制や愛他的精神と、児童・生徒の側の被虐愛的態度によって、双方の一体的関係が築きあげられる。

しかし、自己の利益獲得を前提に形成される需要供給関係と、愛他的関係を基本とする司牧関係という、明らかに対立する原理は、どのようにして学校の中で共存しうるのであろうか。あるいは、この共存関係は、新たな緊張関係をもたらすことにならないだろうか。

第五章 日本の学校はいかに機能したか

寺子屋

1. 日本的司牧官僚制の成立と学級

就学率上がらず

わが国の学校制度は、明治五年(一八七二)に太政官布告として出された「学制」によって始まった。それは時期的には、イギリスで初等教育法が出された一八七〇年とほとんど変わらない。

しかし、明治五年のころの日本は、産業革命が進んでいたわけではなく、教育需要が生じるほどの社会的成熟がいまだにみられなかったし、またみられたにしてもごく限られていた。よく知られているところであるが、明治一〇年代まで、極度に低い就学率のまま、小学校制度は推移した。ようやく明治二〇年ごろから就学率は上昇傾向を示し、明治期の終わりにはほぼ九〇パーセント台の就学率を示すこととなる。つまりわが国の学校制度定着の前には、イギリスよりも大きな教育需要の未成熟という障害が横たわっていたのである。義務教育制度という学校の供給先行性から生じる問題は、以下のように、はるかに深刻だったということができる。

第一に、わが国の義務教育制度は、宗教団体による組織化の先行経験もないまま、突如国家が生徒の組織化を開始させねばならなかった。需要が存在しない中で、いわば分業化された教授活動が、いきなり日本社会の中に入り込むこととなった。

第二に、農村的秩序が解体し、都市を中心に産業革命が進行する過程で、学校が成立したのではなく、農村秩序の真っ只中で、学校を作り、学級制を定着させねばならなかった。産業革命の進行は義務教育制度施行よりもはるかに遅れ、また人々の移動も極度に少なく、大部分の人々は、農民として村落共同体という伝統的集団の枠組みの中で生活していた。

第三に、日本は、欧米諸国の制度をモデルとして輸入しなければならなかった。キリスト教文化、とりわけプロテスタントの世俗内禁欲主義という宗教倫理の中で育まれてきた制度を、仏教や儒教、あるいはさまざまな民間信仰が大きな役割を果たしている日本の社会の中に定着させなければならない。当然、キリスト教の司牧関係は存在しようがなかった。

無理やり導入された日本の学校制度

村落共同体という基盤が明確に存在している日本の社会は、それなりに安定した秩序を持つ社会であった。このような社会の中に外国産の学校制度を創設することは、既存の秩序の中に別の秩序を導入することを意味した。P・バーガーの「近代化はカプセル化され、ある場所のみに限られ、そのまわりには伝統的生活パターンが、実質的には以前と同様につづいていることもある」(バーガー、一七九頁)という、伝統社会の近代化に関する指摘は、わが国でも当てはまる。

日本の学校は、まったく異質な社会的土壌の上で、自己準拠的な学校を作る必要に迫られていた。農業従事者が圧倒的多数を占めるということは、教育を通じて農業以外の仕事に就くという動機がまだ弱かったことを物語る。就学率が低迷した明治初期、もっとも学校に期待をかけ、就学したのは、秩禄処分によって失業状態となり、新たな立身出世の機会を求めていた士族層であった(園田、濱名、廣田、一三五頁)。世襲制をとおして後継者を満たしていた多くの農民層、あるいは職人の子弟たちは、学校とは無縁の存在であった。

学校とは、伝統的農村秩序にとっては、明らかに社会的異物であった。例えば学校は欧米にならい、いち早く太陽暦を導入した。しかし、農業のリズムに合致した太陰暦（旧暦）のもとに生活を送っている人々にとって、太陽暦という季節を無視したリズムで動く学校とは、迷惑な存在であったであろう。このような伝統的、農村的性格を強く持つ日本において、この奇異な学校制度は開始されねばならなかったし、また学級制も導入される必要があったのである。

明治五年の「学制」を体験した人物の記録（大正一一年）をもとにした報告によれば、それは次のような変化であった。

　畳の上でうける学問や習い事に代わり、教室で机、いす、黒板という欧米文化がもたらした空間世界での授業が始まった。それは、教える人間も教わる人間も、そして教わり方もまったく異質なものであった。まず、従来の慣れ親しんだ「お師匠様」は「教師様」に呼び方が変わり、町から来た別の人が「教師様」となり、この「教師様」はさらに「先生」となった。そして、テーブルと椅子のまったく新しい空間が生まれ、「教則」にのっとり、黒板、白墨、掛け図を伴う授業が始まったのである（森重雄、一九九八年）。

要するに、学校はそれまで人々の生活になじんだ寺子屋ではなく、地域から遊離した、まったく異質な、国家管理の巨大なシステムだったのである。図5−1のように国家は、畳の「座る」様式の文化の中に、板張りの椅子に「掛ける」様式の文化を突然入り込ませ、学校空間を「文明の空間」、在来の世界を「野蛮」とする教育を始めたのであった（ひろた、一〇〇〜一〇一頁）。「学制」は、明治初期日本の全国津々浦々を文明化しようとし、人々がそれまで体験したことのない近代的制度を、見せつけることとなった。

八段階の等級制

一般民衆がまったく経験したこともない、文明の装置としてのシステム化された学校を定着させるためには、学校教育の効用を人々に理解させるのが手っ取り早い。それは、等級制という生徒編成方

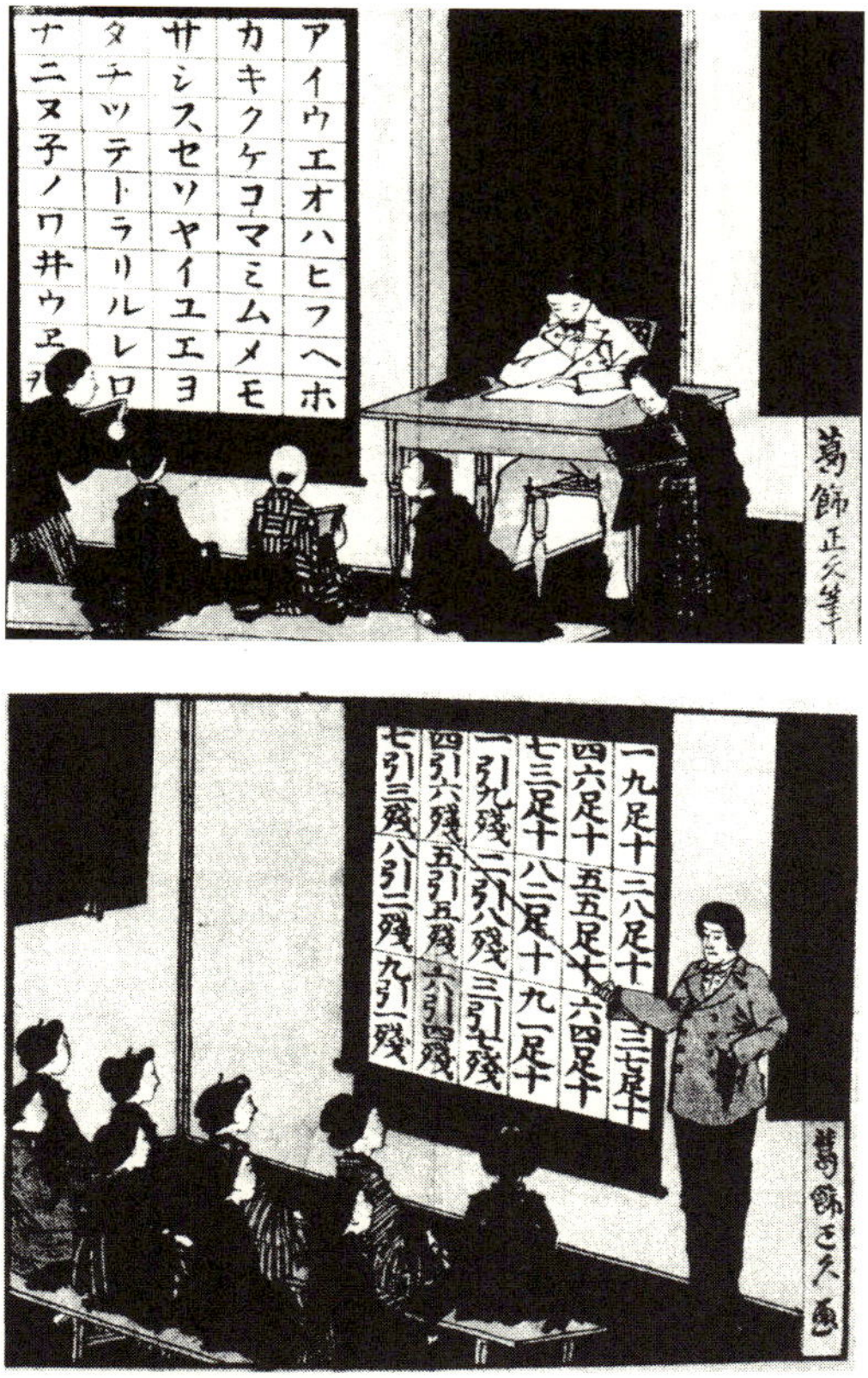

図5-1　明治初期の授業風景
机がなく、椅子にかけるだけ。生徒は全員、教師の方を向いている。教材を立体的に掛け図として示すことが始まっている。アラビア数字が普及していないため、縦書きの漢文調で算数の勉強が行われた

式の導入と、もっぱら個人に焦点をしぼった競争試験の強化として始まった。学校教育を通じて身分制を打破し、個々人の能力次第で社会的地位を獲得しうることを世間に訴えれば、学校の存在を人々に強烈にアッピールできる。

まず尋常小学校は、上等小学と下等小学とに分けられ、それぞれ四年で修了することとなっていた。そして上等小学も下等小学も、それぞれ八級から一級まで分けられた等級制で組織されていた。それは、半年を単位として、試験による個人の成績次第で一番下の八等級から順に上の等級へと上がっていく仕組みである。この制度の下では、必ず低い段階の試験を受けパスしなければ上の段階に上がれなかった。さらに下等小学から上等小学へと上がるときには、大試験が行われた。

このような「学制」に規定された試験制度を基盤としつつ、日課試験、月次試験、期末試験、学年試験、卒業試験という定期試験、そして、臨時試験、巡回試験、比較試験という学校間、あるいは地域間競争を兼ねた不定期試験が縦横に組み合わされて、過激な競争が学校という場において展開した（斉藤利彦、五一〜六四頁）。そして原則として一等級一教員配置の分級制を採用していた（清水、一六二頁）。すなわち初期の段階では、今日みられるような同年齢で分け、毎年進級する学級制は存在しなかったのである。

この制度は、個人の能力次第で進級し、成績さえよければ飛び級も行われた。例えば夏目漱石は、その典型的例である（天野、九三頁）。このような仕組みは、そのままモニトリアル・システムのクラス制と原則的に変わらない。したがって同じ能力であったためにたまたま同席したとしても、それは偶然にそうなっただけのことであって、そこに集団関係が成立することもなかった。

過激な試験

なぜに、過剰な試験がこの当時支配的であったのか。その表面上の目的はいうまでもなく、試験が持つ平等化機能に求められねばならない。幕藩体制を解体させ、新たな国民国家を実現していくためには、教育はすべての人間に開かれていなくてはならなかった。「学制」発布直前発令された「被仰《おおせ》出書《いだされしよ》」は、「必ず邑《ムラ》に不学の戸なく家に不学の人なからしめん事を期す」とうたい、すべての子どもの就学を規定した。徳川の治世が終わって間もない時代に、いまだに伝統的な身分意識が存続する中で、学校制度が成功するには、まずこの意識を打破せねばならなかった。

集団性が希薄であり、個人の能力本位で等級が上昇していく等級制は、身分意識を打破していくにはきわめて効果的な制度であった。それは身分の壁を容赦なく無視させることができた。さらに、公開試験を実施し、観覧性を高める工夫がなされた。度重なる試験の繰り返しは、学校がもたらす身分的平準化作用を、人々に強く印象づけたに違いない。

明治の一〇年代には全国津々浦々、どこの小学校でも進級試験が行なわれるようになるが、それはほかのどんな政策的な手段にもまして、それまで禁じられてきた「競争」のイデオロギーを普及させ、一般化させるのに役立ったに違いない。学校のなかでくり返し試験が行なわれ、その結果が公表され、優等生には褒賞が与えられ、また教室の中での席順は成績によって決められた。それは子どもたちが経験する最初の「競争」の世界であり、また人々に「四民平等」の、能力による「競争の時代」がやってきたことを、ほかのなににもまして実感させるものであった(天野、八〇頁)。

しかしこの過激な試験は、平等化作用を働かせただけではなく、学校の自己準拠作用でもあった。試験という学校が設定した競争に人の関心を寄せさせ、そして学校へと子どもを誘うという作用、それはまさしくモニトリアル・システムが採用した、システムの自己準拠作用と同じであった。学校制度という、まったく新たな仕組みを人々に周知させるのに、試験制度ほど効果的な仕掛けはなかったといえる。競争は文部省によって奨励されたのであり、当局は競争心に訴えて学事振興をはかった（斉藤利彦、一四一頁）。需要が成熟していない分だけ、学校側が積極的に民衆の中に教育需要を喚起せねばならない。こうして明治期の大きな特徴として、民衆教育の場としての尋常小学校は、「試験の時代」を経験することとなった。

しかし試験制度による強引な平準化は、諸刃の剣でもある。試験は、多数の落伍者を産出せざるをえないし、下手をすれば反学校感情を逆にかき立てるおそれがある。早晩、過剰な試験制度は終焉を迎えざるをえない。等級制がもたらした現実、それは下級段階にいつまでも多くの生徒が滞留し、上級へと進級できずに退学してしまうという現象であった（斉藤利彦、一二七頁）。下等学校のカリキュラムもまともに習得することができない多くの中途退学者が、後を絶たなかった。これはイギリスで、ニューカッスル委員会が調査した結果と酷似している。

児童の規律化を目指した学級制

等級制にかわって学級制が導入されるのは、「学制」開始からかなり経過した明治二四年、文部省令第一二号「学級編制等ニ関スル規則」が出されてからであった。この規則で「学級」とは「一人ノ本科正教員ノ一教室ニ於テ同時ニ教授スヘキ一団ノ児童ヲ指シタルモノニシテ従前ノ一年級二年級等ノ如キ等級ヲ云フニアラス」と規定した。

この時、等級制ではなく、同じ年齢の子どもと担任からなる学級制が開始されることを明確に宣したのである。しかし実際に生徒の数が「学級」を形成するほどに達しない学校が多く、現実にはしばらく合級制を採用した学校が少なくなかった。しかもこの規則は、「道徳教育及国民教育ノ基礎」を優位におき、等級制においてみられた知育中心、すなわち知識の伝達に重点を置いた教育から、道徳教育や国民教育という訓育的側面に重点を置くこととなった。

この等級制から学級制への移行は、教育目的の変化、すなわち個々人の知育を中心に教育を行うことから、訓育、とりわけ日本国民としての一体性を涵養するための道徳教育を中心とするようになったことが、大きな理由とされている（濱名、一五一頁）。このことは何を意味するのであろうか。

確かに明治二三年に教育勅語が発布され、引き続き二四年に、祝祭日学校儀式規程が設けられ、学校行事のさいには天皇の写真を掲げ、教育勅語を校長が朗読し、君が代を歌うことが指示されており、この時点で天皇制国家主義体制が整った。ここから、国家の構成員たる国民を育成するための方策として、学級制が始められたという解釈が生まれてもおかしくはない。しかし問題は、天皇制への生徒の馴致による国民の育成ということにとどまらなかった。それはより広くみれば、近代化される社会にふさわしい規律化された人間の創出を目指したものであった。

明らかにイギリスにおいては、モニトリアル・システムという軍隊的規律・訓練を行う組織が登場し、個々の子どもの規律化を担い、クラスを生み出した。しかしわが国の場合、明治期の初めには、このような規律・訓練が、意図的に実施されることはなかった。度重なる試験と競争の導入は、学事奨励であっても、個々の生徒に働きかけて、規律化された従順な身体を形成するというものではなかった。しかし時代は、学校のみならず、軍隊や官営工場においても、規律化された身体の形成を欠かすことができなくなっていた。

なぜ「起立」「礼」「着席」が始まったのか

学級制は、単に道徳教育や訓育を担って登場したと解釈されてはならない。分業制が社会的にまだ浸透してはいなかったこの時代に、組織の頂点と末端とを結合し、学校現場がトップの命令で動くようにするには、規律・訓練の定着に関する特別の取り組みが必要であった。

このために明治政府が具体的に打ち出した対策は、整列・行進を軸とする「兵式体操」の導入であった。それは、幕末にイギリスへ赴き、その後アメリカで過ごし、帰国後明治政府の官僚となった森《もり》有礼《ありのり》によって担われた。彼はアメリカ滞在中、スウェデンボルグの宗教活動に参加し、「自己の完全な否定と、厳しい規律と激しい肉体労働による無報酬の神への使役」を求めるハリス教団に属し、キリスト教の影響を強く受けた（木村、二三頁）。森は欧米にならって、日本社会の条件と合致した国民の規律化を目指し、その直接の対象として、児童・生徒の規律化に乗り出した。明治一八年、彼は文部大臣に就任し、翌年、師範学校令を出し、師範学校に兵式体操を導入し、生徒に集団行動の訓練を促し、同時に自己抑制を身につけさせることを目指した（園田、二八四頁）。

森有礼自らが積極的に推進したこの方策は、「身体行動の改良（西洋化）を知育・徳育に優先させ、義務教育の最重要課題とし、集団行動のできる日本人の育成を目指し」たものであった（杉田、八頁）。それまで、将軍や大名の命令で動く身分制的、あるいは家父長的組織は存在するにしても、国家と個人を媒介する合理的組織は存在しなかった。イギリスで、内外学校協会の組織の整備を継承した義務教育制度は、国家と末端の学級、そして生徒とを結合させた組織であった。このような組織は、合理的な行動をとりうるような身体的訓練をも必要とした。森有礼は、師範学校の生徒に兵式訓練を促し、自己犠牲の精神を強調し、同時にストウのように、生徒の教場における活動と、運動場における生徒の活動の観察を通じて、身体的訓練を施そうとしたといえよう。

しかし、キリスト教という信仰を伴わない行動の規律化は、決して容易には実現しえない。それは他方では、祝祭をも同時に随伴しながら実現されていかねばならなかった。かつて、パブリックスクールでは、生徒の規律化はスポーツの導入に加え、チャペルでの礼拝と寮での制服を着用した晩餐という儀礼が、生徒を神秘的雰囲気で包み込むことでも進行した。ところは変わってわが国においても、この規律化と祝祭の導入とは、軌を一にして進行した(吉見、九頁)。

すなわち、教育勅語や祝祭日学校儀式規程が出されて、国家の祝日には生徒全員が整然と整列し、祝いの儀式に参加することとなった。いわば学校行事を通じて頂点を形成する国家の正統性の根拠を天皇制に向けさせながら、同時に底辺における生徒の規律化が進行した。このような規律訓練と祝祭との合体はまた、生徒が整然と隊列を組んで行進する運動会において典型的に見られたところであった。

いまだに分業制の導入を契機に組織を拡大し、チェーン・システムを形成するという段階にはいたらない日本において、天皇制と大多数の村民を、運動会を典型とする学校行事で結合し、トップとボトムの一体性を確立する壮大な事業が、明治二〇年代初期に相次いで出された法令と、行事や儀式を通じて開始された。いわば分業制による組織拡大がないまま、天皇制というヴェールの中に全国の学校を包含し、同時に学校現場の規律化を図っていったとみることができる。

このような各種の学校行事の開催と併行して、「学級」は制度的にわが国の学校に正式に導入され、われわれになじみの深い、「起立」、「礼」、「着席」という号令に象徴されるような、集団的命令に従わせるための訓練が開始される場となるのである。ここにようやくわが国において、学校が規律化の場であることが鮮明になった。

「道徳教育及国民教育ノ基礎」を形成することを重視した学級制とは、各種の学校行事と相まって、児童の規律化という使命を果たすべく創設されたのであった。

村落共同体の「子ども組」と学級という集団

しかし、学級制の導入は簡単に進まなかった。この「学級」という、同年齢の子どもからなる規律集団は、あまりにも奇異な集団であった。教師の号令で一斉に同じ行動をとることが、異常な体験であるだけではなかった。「学級」と子どもをどのように接合するか。国家による規律集団としての「学級」の整備は、具体的な子どもの組織化をめぐる問題に直面した。

村落共同体に生活基盤を置いた人々はまだ、匿名的人間による集団形成という体験を、日常的に持っていなかった。隣の村落と激しい水争いを繰り返し、交流も大きく制限されていた人々が、明治政府が創設した行政村の人間となり、また子どもが同じ「学級」の人間となることは、異常な出来事であった。排他的関係にあった隣の村落の子どもが同じ教室に入れられ、年間を通じて過ごすということは、きわめて新奇な体験であったはずである。

村落共同体の中では、子どもが自然発生的な「子ども組」という異年齢集団に組み込まれるのがあたりまえの慣習であった。そこには、太陽暦で執《と》り行われた学校行事とは違って、伝統的な太陰暦に基づく桃の節句や端午の節句のような、子どもを対象とする儀礼や儀式が存在した。また、年長者が年下の子を庇護《ひご》し、遊びの世界に誘導し、伝統的な遊びを伝承する慣行も存在した。柳田國男は昭和の初めに『子ども風土記』の中で、伝統的な子ども同士の人間関係と、新たに導入された学級制の違いを、次のように述べている。

> 前代のいはゆる児童文化には、今とよつぽど違つた点があつたのである。
> 第一には小学校などの年齢別制度と比べて、年上の子供が世話を焼く場合が多かつた。彼らはこれによつて自分たちの成長を意識し得たゆゑ、悦んでその任務に服したのみならず、一方小さい方でも早くその仲間に加はらうとして意気ごんでゐた。この心理はもう衰へかけてゐるが、これが古い日本の遊戯法を引継ぎやすく、また忘れ難くした一つの力であつて、御蔭でいろ〳〵の珍しいものの傳はつてゐることをわれ〳〵大供も感謝するのである。
> 第二には小児の自治、かれらが自分で思ひつき考へだした遊び方、物の名や歌ことばや慣行の中には、何ともいへないほど面白いものがいろ〳〵あつて、それを味はつてゐると浮世を忘れさせるが、それはもつと詳しく説くために後まはしにする（柳田、一二三～一二四頁）。

明らかに子ども組は異年齢集団だったのであり、年長者を中心とする自治がおこなわれたのであった。これに対し「学級」とは、有無を言わさずよその村落の見知らぬ同じ年齢の他人と強制的に一緒にさせられ、よそ者としての教師によって統制される、まったく異質な集団であった。このような集団に子どもが参加するには、また相応の自己準拠作用が必要であった。

学習以外の活動をする「学級」

それは大正時代に、「学級」の中にさまざまな活動を導入し、学級文化の向上を目指す「学級文化活動」として展開した。それは、野村芳兵衛を中心に始まり、「生活綴り方運動」と共に広がった運動であった。

一九三〇年代、生活綴り方教師を中心に、「学級文集」・「学級新聞」・「壁新聞」・「学級通信」の編集、「学級誕生会」の開催、「学級ポスト」の設置、「学級歌」の創造および「学級図書館」・「学級博物館」の設置等に代表される学級文化活動が展開された。これらの活動によって、文化的に低い地域で育った子どもたちの教室に「文化財」が導入され、さらに、子どもたちじしんによって、子どもたち独自の学級文化が創造された（志村、一九五頁）。

今われわれが小学校の教室の中でみることのできる日常化した活動が、このような「学級文化活動」を発端として導入され、一般化して定着し、わが国の「学級」を特徴づけることとなった。「学級」が、学習活動以外のこのような多くの活動を包含している例を、われわれは他国において知らない。どうして、このような「学級」が形成されねばならなかったのか。問題は、ここにある。

それはなによりも、農村に送り込まれた教師が、師範学校で兵式体操の訓練を受け、教室を規律空間にする教師であったことによる（三浦、一六〇頁）。彼らは地元の意志とはかかわりなく、辞令一本で任地に赴いた教師たちであった。イギリスにおいて、底辺労働者層の子どもたちが抵抗したのは、よそ者としての教師の権威と教室秩序であった。共同体を基盤とする生活に順応し、狭い地域社会の中で生活してきた子どもたちが、よそ者教師による教室秩序の維持を簡単に受け入れるはずはなかった。さらに、「文字シンボルの学習機能をはたし、読書能力を育てることを主たる目的とする」学校と、経験と実習をとおしてすべてを学ぶ、村落共同体の訓練システムとの間には、大きなギャップがあった（勝田、中内）。

ここでは、学校と学校外の地域社会の文化的落差が、自己準拠の技術を提供する。学校は、西洋文化に満ちたカプセルであるが、貧困な中にある生徒の日常生活は、新聞もラジオもない。この文化的落差を前提に、貧しい生徒たちが持てない文化活動を学校で提供すれば、ことは十分である。本を整備し、新聞という文字メディアの世界へと誘い、歌や文集作り、あるいは誕生会というハイカラな文化を教室に取り入れることは、生徒にとって大きな魅力となった。児童が夢中になってこれらの文化活動に取り組むことが、さらに教師の実践意欲をかき立てた。「学級文化活動」とは、供給先行型組織としての学校が、児童の学校への関心を引き起こすための自己準拠活動であった。

しかしこのことは、学級が分業制から逸脱したことを意味する。パッケージとしての「学級」が担う機能は、分業制の下では制限され、教師の活動にもまた制約が課されるはずである。しかし、このような自覚がないままに、多様な活動が「学級」内に導入された。それはいうまでもなく、当時の人々が機能限定的な集団の意味を理解しえなかったことを物語っている。

換言すればこのことは、「学級」が、あらゆる生活機能を包含した村落共同体の論理によって解釈されたことを示している。村落共同体が、生産機能、生活機能、政治機能、祭祀機能をすべて包含する重層的存在であると同様、「学級」もさまざまな活動が重層的に累積した集団となったのである。

こうして、学校での子どもの場所の移動がはるかに少ない「学級」が作り上げられた。移動が頻繁に行われる西洋の学校とは異なって、教室が子どもたちの定住の場になっているわが国の学校では、教室は教育と学習の空間であるばかりでなく、生活の空間にもなるのである（矢野、八七〜八八頁）。教室はその以後、学習機能、給食機能、娯楽・遊技機能、自治機能、作業機能など、さまざまな活動が累積する場となる。

奇異なる祝祭、運動会

村落共同体とは、生産の共同性を基盤とし、共通の氏神を祭る祝祭共同体として、人々の生活と意識の一体性を作り上げていた。しかし同時にこの一体性は、隣接共同体との激しい排他的競争状況によって生み出されたこともまた事実である。排他性と共同性とは、不即不離の関係にあった。水利権をめぐる村落間の争い、政治的主導権をめぐる村内での村落間の競争など、幾重にも重なった競争と排他感情の上に、共同体成員の一体性を強化してきた。

このような村落間の排他的競争意識は、そのまま学級や学校間の排他的競争意識へと転化される。運動会とはまさしくこのような競争意識と排他意識との交錯から生み出された、奇異なる祝祭であった。山本信良と今野敏彦は、わが国の学校に固有の運動会について、次のように述べている。

運動会における「競争」は、単に個人対個人のそれではなかった。運動会における競争は、地域住民の応援を背後にうけて、学級対抗・分団対抗・字対抗という形態をとり、さらに拡大されて学校対抗・市町村対抗にまでいたった。かくして、運動会は本来が学校行事でありながら、それがもつ競争性のゆえに、学校そのものの名誉にかかわる行事と化し、同時にまた、その名誉を誇る地域や「ムラ」の行事の性格を帯びたのである（山本、今野、二八六頁）。

そしてまた、彼らは「運動会については競争意識も先生を中心として、ひじょうに旺盛であった」という児童の作文を紹介している。教師によって誘導される競争意識こそはまた、学級集団の結束の重要な手がかりであった。「学級」は、「競争する学級」として出現した。教師は多様な活動を導入し、常に他の「学級」、他の教師の活動を意識しつつ、自分の教室での活動の成果を高める努力をした。こうして他の「学級」への対抗意識を燃やすことによって、学級成員の結束は強化される。「学級」の共同体的性格はさらに強まり、その自己準拠機能もまた高まっていく。

この競争は、生徒相互の一体性のみならず、教師・生徒の一体性確立に重要な貢献をした。他の「学級」との競争意識が強化されれば、それだけ教師と生徒の関係を従業員と顧客の関係として見る目は生まれようがない。また、よそ者教師と地つきの生徒との間の社会的距離は縮まっていく。分業意識の脆弱さは、「学級」を競争のための拠点に変え、教師と生徒の壁をも取り去り、一体意識の醸成を促していくこととなる。

「学級王国」の成立

しかしながら競争は、競争のための競争として、自己目的化する。当然、学級内での共同性の強化を目指した諸々の活動の導入も、自己目的化する。「学級文化活動」もまた、そのような動きの典型であった。目的を失い、競争意識に促された活動の導入は、その限界を知らない。そして「学級」はこのような多くの活動体験を共有する生活共同体、そして他「学級」との対抗意識を共有する、一種の感情共同体へと変容していく。

当然、学習指導への関心は弱体化せざるをえない。そしてまた、学級制が、学習活動の促進のために作り上げられてきた一つの手段であることも忘れ去られてしまう他はない。「学級」の存在そのものが自己目的化していくことは、避けられないこととなる。わが国の学校の悪しき伝統として常に指摘される「学級王国」とは、このような環境の中で形成された習慣であった。

学級制が制度的に導入され、整備されていった時期と、教育勅語や祝祭日学校儀式規程が制定された時期が同時期であり、また運動会にまつわる活動が始められた時期とが重なることは、手段が目的へと転化したのではなく、当初から目的と手段の関係が不明確であったことを意味する。「学級」が「道徳教育及国民教育ノ基礎」を、知識の習得よりも重視したことが、このことの何よりもの証拠である。わが国では、もともと目的と手段を区別する発想は生まれようがなかった。

学校機構の末端の「学級」が、このように共同体的性格を持ち、自己目的化するということは、チエーン・システムとしての機能がまた著しく低下してしまうということを意味する。天皇制というヴエールをかぶっている限りでの統一性は維持されるにしても、このヴェールが取れてしまった時には、糸の切れた凧のごとく、どこに向かうかわからなくなってしまうという脆弱性を持っていた。戦後の教育行政は、「学級王国」という独立国家との戦いに奔走しなければならなかったし、この戦いは今日まで終わることなく続いている。

生活綴り方運動

学級制を自己準拠的に維持するために、学級内に外部からいろいろな活動を導入した動きを外的自己準拠作用とすれば、内的自己準拠作用による活動もまた重要な役割を果たした。それは生活綴り方運動という、主として貧しい東北地方の農村を舞台として誕生し、全国に広まり、わが国独自の教育実践として広く知られた活動である。

この運動は、キリスト教の告解の技術とは異なり、作文指導を通じた生徒の内面操作技術を広めた。共同体化した学級の中での共同作業の共有や、他の学級との対抗関係による一体意識の共有は、教師へのよそ者意識を生徒の中で薄めるように作用した。

わが国の村落共同体と密接な関係を持ちつつ浸透した宗教意識は、導く人と導かれる人との隔壁を設けず、共に苦難の道を歩むという「同行《どうぎょう》思想」にあった。この意識は、神の意志を代行する司祭と、迷える羊との間に形成される垂直的関係とは異なり、むしろ苦難を共通に抱え込んだ存在として、当事者どうしを水平的関係に置く。

例えば、学級文化活動導入の先駆けであり、生活綴り方運動の指導者野村芳兵衛は、彼の実践の背後にあった仏教思想について、次のように述べている。

> 然し、親鸞は指導意識に居ることを喜ばれなかつた。「親鸞に於ては弟子一人も持たず」と言はれたのは、単なる謙遜ではないと思はれる。何よりも親鸞自身に信の心に居るためには——自分の全的な救いを祈念する心——指導意識に居れなかつたのではないかと私には思はれる。親鸞は私に最も至純な共同生活として友情交渉を教へてくれた人である。それは『同行』と言ふ生活

態度である（野村、四七頁）。

「共に学ぶ」という慣用化された言説に典型的に示されるように、教師の権威を否定する思考様式は、「教える」と「教わる」という垂直的関係に対しては、ネガティブに作用する（酒井、二〇〇〇年、四九頁）。競争の自己目的化、そしてまた共同体的意識の強化は、教える人間と教わる人間との垂直的関係を弱体化させていく。

学級は感情共同体へ

この濃厚な共同体的関係の中に入り込んだ教師と生徒の間には、さらに教師による生徒の心の操作という、新たな技術が加わることとなった。強固な感情的一体性が築かれた中での作文教育が意味すること、それは教師による生徒の内面への介入を容易にしたということである。川村湊は「帝国の作文」という論文の中で、生活綴り方教育の中心的担い手であり、「随意選題」という方針を掲げて綴り方教育を行った芦田恵之助の方法について、次のように述べている。

「自分の生活」を書け。「自分の心に思い浮かぶこと」を書け。そのためには綴り方教育の原則は特別な題を設けることなく「随意選題」でなければならぬ。芦田恵之助のこうした綴り方教育の原理は、一種の「随意選題」というイデオロギーとでも呼べるものにまで固着しているように思われる。「自分」「生活」「心」という言葉も、そのままで自明なものではありえない。逆に、そうしたものが「自明」であり「自然」であり、あたかも天賦のものとしてすべての人間にそなわっているという考え方こそ、きわめて近代的なイデオロギーであり、そうした自明なイデオロギーの強要の下で、生徒たちは「自分の生活」や「自分の心」というものを作文の中でせっせと作りあげねばならなかったのである（川村、一一八〜一一九頁）。

濃密な共同体的関係の中で、よそ者の教師に対し武装解除された生徒が、自分で感じたことを書くという名目の下に、教師によって誘導された、あるいは教師の意志をくみ取った作文を書くようになっても不思議ではない。綴り方教育はこうして戦前から戦後にかけ、単なる作文指導としてではなく、生徒指導における巧みな技術として、わが国の教師たちに広く浸透していった。

教師は教室や運動場における日常行動の観察や、試験の成績などを通じて、生徒に関する情報を集めるのみならず、日記や作文という手法を使って学校外の生活をも十分に把握することができるようになった。それは、教師が生徒の内面だけではなく、家庭生活にまで入り込むきわめて特異な関係、すなわち日本的司牧関係の成立であった。

こうしてわが国の学校は、作文指導を通じて、独自な司牧関係が支配することとなった。内面まで入り込んだ教師・生徒関係、それは今日の「心の教育」の源流を形成した。互いに心を理解し合うほどの緊密な関係こそは、教師・生徒関係の理想像を提供する。逆に、このような心の通わない教師・生徒関係は真の教育的関係ではない、という規範を生むこととなる。

このような関係が強化されるに従い、教師・生徒関係を従業員対顧客関係として見る目は、完全に閉ざされてしまう。また、教育が組織による教育として展開していることを見る目もまた閉ざされ、教育は教師の全霊を傾けた活動として理解されることとなる。そして「学級」は、機能集団としてその機能を限定するのではなく、多様な活動を導入した生活共同体、あるいは感情共同体へと、大きく変容させられたのである。

機能集団としての「学級」とは、子どもの生活の一部に過ぎない。しかし、「学級」が生活共同体化すると、それが子どもの生活のすべてとなる。放課後も、帰宅しても、そしてまた夏休み中も、電話やメールで同級生とのつながりがそのまま継続するという現代の風景の出発点が、このようにして作られた。

2. 見える学校と見えない学校

学校の自明化と言説の肥大化

幾多の努力の結果として、わが国の義務教育制度はついに全国的組織網を形成し、組織による教育、より具体的にいえば、「学級による教育」を完成させた。この新しく出現したシステム化された学校は、当初は新奇な目で見られ、人々の関心を引き、また抵抗も生じた。しかし月日の経過とともに新奇性という意識は薄れ、次第に日常化し、自明な存在となっていく。毎日決められた時間に学校へ行かねばならないこと、「学級」という特殊な装置があること、教師という職業の存在、学年ごとに進級するという制度、時間割に沿って行動すること等、学校のすべてのことが次第にあたりまえのこととなっていく。

この自明化された学校像は直ちに規範化し、「学校はかくあらねばならない」という思い込みが、人々の意識の中に自然に成立してくる。学校の存在は絶対化され、規範化されて、意識を支配してしまう。まさしく、いじめ、不登校、学級崩壊を問題としてとりあげる意識とは、「学校でいじめはあってはならない」、「学校へ行かない子どもはあってはならない」、「学級の秩序は保たれておかねばならない」という、自然発生的な規範意識からもともと生まれたのであった。学校の存在は、自明化され、関心の対象ではなくなってしまう。

自然に発生する自明化の作用と、それに基づく規範の成立は、教育言説という意図的働きかけと相乗的に、人々の学校観を規定する。欧米から児童中心主義思想や、さまざまな教育思想が導入されただけではない。これに加えて、わが国独自のあり方が、教育言説を肥大化させるように作用した。福沢諭吉は『学問のすすめ』を書いて、学校制度の効用をいち早く説いた。最初の師範学校は、アメリカ人スコットの指導により創設され、西洋式の教授法による教員養成が開始された(平田)。また、文部省の最高顧問であったアメリカ人モルレーは、試験と競争を重視した教育を強調し、等級制の下での激しい競争試験の導入に大きく貢献した(天野、八頁)。わが国の学校は当初から、外国の教育を見聞した邦人の提言やお雇い外国人の進言というように、欧米文化を体現した人物の言説により導かれ、成立した。森有礼の「兵式体操」言説もまた、欧米の規律・訓練による身体文化を日本に導入するためのものであり、それは学級規律として具体化した。

このような欧化政策は当然のこととして、伝統を強調する人々の反発を生みだした。それは天皇制を復古主義的に擁護する儒学言説として整備され、さらに欧化思想に対する対抗言説となっていく。教育勅語は、その帰結であった。このような経過は、明治期に二者択一的言説支配が、わが国ではいとも簡単に成立しうることとなったことを意味する。

二項対立の構図の中で

明治時代に入って、それまで儒教の世界でのみ限定的に使用され、「被仰出書」にはまったく使用されず、「学制」においてさえ四ヵ所だけしか出てこなかった「教育」という字句が、その後頻繁に使用され始めた。欧米から輸入して作った学校（school）という装置に対応したeducationの翻訳語として、「教育」という言葉が頻繁に使用され始めたのである（森重雄、一九九三年、二一～二二頁）。学校制度の推進者は、「教育」という言葉を使用し、教育の重要性を説くことによって、学校を全国に普及させ、就学率を上げねばならなかった。しかし、いきなり使用され始め、人々に定着していない言葉は、いかようにも変容する。

明治初期、英語のeducationという言葉には、「教育」という用語があてがわれ、さらに「的」が誕生し、「教育的」という用語が成立した。そしてこの「教育的」という用語は、はじめは教育の目的とか場を示す言葉としての意味を持たされたが、次第に規範性を帯びだし、ついには「教育的」と「非教育的」という、二項コード的言説へと変容する。それはさらに「真の教育」というわれわれになじみの言葉となって、日常化していった（廣田、二〇〇一年）。

この「教育的」「非教育的」という二項対立コードが練り上げられる過程と、児童中心主義思想が導入され、「子ども中心対大人中心」という二項対立コードが成立する過程とはほぼ重複する。その後は、次々に記号化された教育言説が生み出され、数多くの二項対立的「殺し文句」が教育界を席捲《せっけん》し、教育界は、言説の戦いの場となってしまった（新堀）。「良い教育」と「悪い教育」は、相互に批判しあうことによって、現実の学校と交錯することがないまま、独立した言説空間を拡大させていく。

われわれは今もこの二項対立図式の渦中にいる。教育方法をめぐって、子ども中心か大人中心か、個別指導か画一指導か、機械的教授か否か。試験をめぐって、競争主義教育か否か、能力主義教育か否か。生徒指導をめぐって、管理主義か否か。学級は共同体か否か。こうした数々の対立コードのオンパレードを確認することができる。「ゆとり教育」もまた、受験教育や偏差値教育に対する対抗言説として登場した。人の思考様式がこのような二項対立の構図の中に誘導されると、ある種のフェイント効果が発生し、視野がこの対立の論理の中にのみ限定されてしまう。

意識されなくなった「学級」という装置

二項コード的教育記号の氾濫は、主としてソフトウエアを対象として発生し、それは認識上の大きな歪みをもたらすこととなる。すなわち「良い教育」対「悪い教育」という対立の構図の中に収められる部分のみが意識に上り、意識されない部分が作り出される。学校像について、意識される部分と意識されない部分とへの分化作用が発生する。

こうして、学校の全体像を理解することがきわめて困難な作業となってしまった。学校像は可視的レベルと不可視的レベルとに分化し、前者のみが日常的に人々の意識に上ることとなり、後者の見えなくなった部分には、誰も関心を払わなくなってしまった。最近の学校研究が、「隠れたカリキュラム (hidden curriculum)」に焦点を向けているのは、自明化作用と教育言説の肥大化によるフェイント効果によって、学校の全体像が不可視化されたからに他ならない。

言い方を変えれば、「隠れたカリキュラム」として、学校は新たに発見されねばならなくなってしまった。この概念を作ったジャクソンの研究は、『学級生活（*Life in Classrooms*）』というタイトルであった。チェーン・システム化された学校組織の中でもっとも中心的役割を果たしている「学級」が、たくさんの群衆が集まり、独自の賞賛の方法を備え、そしてまた親とも違った権力を行使される世界であることを、生徒は学ばねばならない。このことを彼は「隠れたカリキュラム」と呼んだ(Jackson, p.33)。しかしこれらの習得内容とはまさしく、一九世紀の初頭以来、大量の生徒を馴致させるべく営々と工夫が重ねられてきた生徒の組織化のテクノロジーの産物であり、フォーマルな組織構造である。事前制御された学級制はまさしくその努力の中心にあり、多数の生徒に対する教授活動を一括処理するために開発されたパッケージであった。

通常、組織のフォーマルな構造は、公式に規定された青写真として誰の目にも可視的であり、インフォーマルな構造、すなわち派閥・学閥関係や個人的人間関係、あるいはそれらの構造は不可視的存在とされる。しかし学校の場合、この「学級」というフォーマルな装置そのものが自明化され、見えなくなってしまったのである。事前制御され、年齢で統一され、時間・空間の制限の中で教授活動が行われることが、フォーマルに規定されていることなど、誰の意識にも上らなくなってしまった。「隠れたカリキュラム」とは、正確にいえば隠れているのではなく、自明化され、意識されなくなって、見えなくなった生徒統制のテクノロジーである。

しかしどのように不可視化されようと、学校で提供される多くのサービスも、事前制御された学級を通じて提供されている。教師は決められた内容を、決められた時間と場所で、決められたとおりに教えるという職務を遂行すればよい。この点では、他のチェーン・システムの労働者と違いはない。

教師の自己決定権は大幅に制約されているのである。上部機関によって決定された教育内容を教えねばならないという職務を背負っているのみならず、「学級」という限定された場で教えねばならない。学級制というパッケージ以外の教授活動を、教師は選ぶことはできない。教師には、その職務遂行上、大きな枠がはめられている。

しかしこの学級制という枠の存在に気づかなければ、いかようにも教師の職務を語ることができる。教育は自由であると叫ぶこともできる。個々の教師の努力に、教育の成果がすべてかかっていると主張することもできる。逆に失敗の原因を、組織にではなく教師個人に背負わせてしまうこともできる。教育課程の自主編成を主張することも、これまで幾度となく繰り返されてきた。しかし、組織が教育しているなどと、露ほどにも思われない。さらにいえば、「学級」というパッケージからの自由を叫ぶ声は、聞くことがない。

見えなくなっていく学級

こうして、学校はそれぞれ固有名詞で語られ、教師・生徒関係もまた実名的関係となる。サービスの提供が学校組織によってなされるという意識は、学校では生まれない。あくまでも、教育の成否は教師と生徒の関係のあり方に求められていく。自明性がもたらす見方の歪みは、生活のどの分野でも起こるが、学校の場合非常に大きいといわねばならない。

さらに教育言説に誘導された議論が加わると、それは学校の全体像から離れ、教師・生徒関係だけに視野を限定してしまう傾向を持つ。児童中心主義教育思想は、学校が教師と生徒の関係からなるという錯覚を人々に植えつけるのに大きく貢献した。逆にいえばこの思想は、「組織による教育」、すなわち「学級による教育」が行われていることを自覚させることに、強力なブレーキをかけてきた。

学校組織と他のチェーン・システムの違いは、すでに触れたような組織形態の相違、すなわち供給先行型であるか、あるいは需要先行型であるかの違いにあった。そしてまた、それゆえに学校組織は司牧関係を導入し、司牧型官僚制という特異な組織形態をとり、また記号価値の動員を他の組織よりも必要としてきたのであった。

この教育言説が人々の意識の中に浸透すると、さらにまたこの言説がフィルターとなって、学校組織を冷静に見る目を失わせる。「児童中心」とか「個性尊重」という教育言説によってかき立てられた理念的学校像と貧相に見える現実の学校像との乖離《かいり》がさらに言説を膨張させ、学校を見る目にさらにフィルターがかかってくる。機械装置の習俗化と教育言説のフィルター作用とは、相乗的に働いて悪循環を生み、学校の全体像を幾重にも不可視化していく。学校という組織は、このような経過をたどって、誰の目にも見える学校でありながら、見えない学校となっていくのである。

もっとも身近な学級が、かくして見えなくなってしまう。

教師を縛る二つの相互規定関係

組織の全体像が不可視的であるということは、組織の特徴なり限界に対する自覚が完全に欠けてしまうことを意味する。すなわち、ハードウエアとソフトウエアとの相互規定関係が、的確に把握されなくなる。

組織においては、サービスの内容と組織構造とは切り離せない関係にある。特定のサービスは、それに対応した組織構造の整備を必要とする。学校がもし通常の組織であれば、ソフトウエアの伝達としての教授活動と、学校組織構造との相互規定関係が常に議論の対象となるはずである。

モニトリアル・システムでは、3R'sという限定された内容を、モニターという子どもが他の子どもに教えた。この教授活動が成立するには、教授活動に必要な諸項目を徹底的に要素に分解し、事前制御されたクラス制を作り上げねばならなかった。

ギャラリー方式の教場では、絵本や実物を大勢の子どもに提示したり、道徳を教える必要から、ギャラリーにおける一斉教授を始めた。それはもはやモニターによる労働では担いえず、専門的訓練を施された教師による教授活動を必要とし、師範学校創設への動きを生み出した。

教科目が増加し、教育内容の水準があがると、資格ある教師による教授活動を必要とし、教員養成制度を整備しながら、個々の学校における独立した教師による学級活動として、学級制の完成へと向かった。

どのような教授内容であれ、教授形態であれ、教授活動が円滑に進むためには、それをサポートするに必要な組織構造の整備は、不可欠の仕事となるのである。しかし学校像が、見える学校と見えない学校とに分化した結果、このような通常の組織に見られるハードウエアとソフトウエアとの正常な相互作用が機能しえなくなる。

ハードウエアの存在とは無関係に、教育言説はソフトウエアのレベルに限定された「良い教育」論を提示する。この「良い教育」は、決してハードウエア、すなわち見えない学校との相互規定関係を意識して形成されるのではない。逆にハードウエアが見えないまま、見える学校のレベルで「良い教育」と「悪い教育」との相互規定関係、すなわち言説空間内部での相互規定関係のみがクローズアップされてくることとなるのである。学校の組織構造が、どのような教授活動を可能とするように仕組

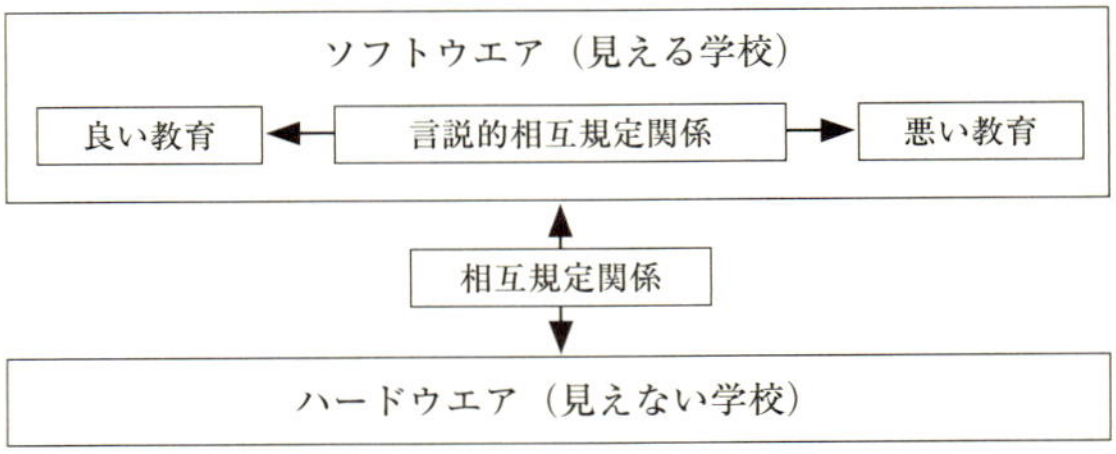

図5-2　学校における二重の相互規定関係

まれているのか、あるいはまた反対に、学校ではどのような教授活動は担いえないように仕組まれているのか、このような問いかけは決して起こりえない。

　そして、事前制御された空間に閉じ込められているにもかかわらず、「無限の発達可能性」とか、「全面発達」、あるいは「自主的な学び」などという言説が、飽くことなく繰り返されることとなる。あるいはまた、「個性尊重の教育」の重要性が力説される。学校という組織の限界が、何も理解されないまま、教育言説がはびこり始める。

　こうして学校は、図5－2に示したような二つの相互規定関係の中に飲み込まれてしまわざるをえない。一方では、目には見えず、自覚されていないとはいえ、ハードウエアは現実の行動を支配している。クラス制は習俗化し、意識されなくとも、事前制御から離れることはないし、教師はこのような仕組みを備えた組織の中に組み込まれた存在として、教授活動を担っている。教師の日々の教授活動は、ハードウエアのコントロールから無縁ではありえない。本人が、そのようなコントロールの存在を自覚しないだけのことである。

　しかし他方では、教育言説の支配を受けた教師の活動はまた、言説の支配下にある。否、彼は支配下にあるとは思わず、むしろ積極的な態度で言説的実践に従事する。そしてこの児童中心主義教育思想を身にまとえば、組織構造のことには無関心になり、教師と生徒の一体的関係を強化した行動を展開することとなる。

教師は、目に見えない形でハードウエアとソフトウエアの相互規定関係の中にありながら、また「良い教育」と「悪い教育」という前者とは異質な言説レベルの相互規定関係の中に身を置くこととなる。いわば、異質な二重の相互規定関係の中に学校はあり、教師はまともにこの二つの相互規定関係に縛られていることとなるのである。

ハードウエアに気づかない日本の教育論

ハードウエアとソフトウエアとの不一致は、学級レベルでのみ起こる問題ではない。それは教育政策決定過程においても発生し、国家レベルでの混乱を発生させる。

一八六二年の改正教育令は、出来高払い制度と監督官制度を通じて現場をチェックし、効率的教授活動の促進を学校に求めた。学力定着の不均等性は、一方におけるスタンダードというソフトウエアの明確化を促し、他方での学級制の完成、出来高払い制と監督制度の強化というハードウエアの整備をもたらした。

およそ一三〇年後の一九八八年に実施されたサッチャーの教育改革も、学力低下というソフトウエアのレベルの問題を、ナショナルカリキュラムという国家管理のカリキュラム作成と監督制度の導入、地方教育当局の権限縮小、そして競争原理の導入というハードウエアの大胆な改革によって実現しようとした。政策の当否とは別に、ここでは明らかにソフトウエアのレベルの問題と、ハードウエアのレベルの問題が峻別《しゅんべつ》され、また統合されている。

ひるがえって、わが国の教育政策と教育論議の展開をみると明らかなごとく、それは二項コードの枠内に閉じこめられ、賛成派、反対派のいずれを問わず、飽くことなく「良い教育」対「悪い教育」の論争へと問題を収斂《しゅうれん》させていくという特徴を持つ。このような議論の仕方はまず、教育への関心をソフトウエアのレベルに限定してしまい、ハードウエアのレベルへの関心を削《そ》いでしまうという問題点を持つ。

現場の教師が負う見当外れな負荷

例えば、「心の教育」という、教材も成果を測る物差しも何もない教育実践に、カウンセリングの訓練も何も受けていない教師が、日々たずさわることが求められる。あるいは、教科書の内容を教えることが義務づけられ、現場での自由裁量権が大幅に制限されてきた教師が、創意工夫を必要とする「総合的な学習の時間」を担わねばならなくなるのである。まな板も包丁もないファースト・フードの店で、いきなり心のこもった一流のフランス料理を作れと命じられるようなことが、平然と学校ではまかりとおる。虚構の言説は、学校に何を求めることが可能であり、何を求めることができないかの区別を知らない。

チェーン・システムは、明らかによろず屋や百貨店とは異質な経営形態である。品揃えの面でも、そしてサービスの種類や質においても、しぼり込まれた店と、あらゆる種類の品物やサービスがそろった店の営業とは異質である。学校も長年かけて、3R'sにしぼり込みながら教育サービスを限定し、またこの限定によって学級制を整備してきた。したがって、教育内容として、あるいは教科として、何を加えるかは、当然慎重なる検討を必要とする。

しかしわが国において、学級が共同体的な感覚で受容され、そしてまた二項対立的な教育言説によって、「良い教育」と「悪い教育」という論争が過熱してしまった結果、学校ができることとできないこととの峻別がまったくなされなくなってしまった。教育論議は、国家対国民、民主教育対管理教育、自由放任主義対統制主義、画一主義対個性尊重教育、能力主義対平等主義、偏差値教育対ゆとりの教育という二者択一的言葉の羅列に終始し、ひたすら「理想の教育」論が展開される。ハードウエアとして学校の特性なり限界なりを冷静に見る目は完全に閉ざされてしまった。

教育言説によって政策が揺れ動き、とまどわざるをえないのは現場の教師である。教育政策や教育運動が、このような二項対立的スローガンで動く結果、教師の意識も拡散してしまう。チェーン・システムが成立するに必要な、統一された業務と、それに対する教職員の目的意識の統一がなされなくなってしまう。学力形成に向かって学校現場が焦点化されないのは、個々の教師の責任以上に、教育言説による混乱という問題に重要な原因がある。

こうしてハードウエアとソフトウエアとの不一致は、学校をめぐる問題をさらに深刻化させていく。

第六章　学校病理の解明

9万人の中学3年生が文科省の学力テストを受ける。2004年撮影「写真提供／共同通信」

1.「重たい学級」がもたらすもの

パックツアーが受け入れられるのはなぜか

学校のハードウエアが不可視化され、見えない学校となると、事前制御が健全な状態で作動しなくなり、「学級」に問題を生む。同じく事前制御というテクノロジーを導入しながらも、ハードウエアの不可視化というような現象が発生しないパックツアーと比較すれば、この「学級」の問題状況はすぐに理解できる。

自由な行動をしたい人間がなぜ、ツアーのさいに事前制御というテクノロジーを受け入れるのであろうか。それは決して難しい問題ではない。事前制御されるにもかかわらず、旅の楽しさと経済的メリットという高い満足感を顧客に与えるから、自由がきかないことに参加者は納得し、規律への自発的服従を行う。顧客の自己規律化が円滑に進むには、高い顧客満足度の獲得という贖《あがな》いうる価値の実現が必要である。産業革命期に中産階級にのし上がったり、安定した労働者階級に属したりした人間にとっては、たとえ幾多の不便はあっても、安い料金で珍奇な物を見たいという欲望が、規律化という代償を上回ったのである。

このような自己抑制と、それに見合った形での満足の獲得という形のパックツアーは、今でも健在である。サッカーや野球の試合を観るために、週末に飛行機に乗って海外に出かけ、観戦し、またそのまま飛行機に乗って帰るという過激なツアーが、若者にうけている。楽しみのためには、相応の自己抑制、自己犠牲をもいとわないという、明確な目的意識に支えられて、パックツアーは成り立つ。逆にこの規律化による自己抑制という代償を贖うに足るだけの内容を備えることができず、顧客満足度が低かった場合、このパックは解体の危機に直面する。

なぜ学級は受け入れられず崩壊するのか

「学級」の事前制御をパックツアーと比較してみると、第一に、この事前制御は「学級」においてより徹底しており、制御は細部にわたって行われることがわかる。例えばパックツアーにおいて、参加者の制限は先着順というような単純なことに限定される。しかし「学級」は、競争誘発機能を組み込まねばならないので、能力別や年齢別に生徒を事前に細分化し、均質化する。またカリキュラムとは、この事前制御の典型的な現れである。生徒はどの学年に所属し、担任が誰で、どの教室で授業を受けるのか、あらかじめ決定されている。さらに、教授活動が行われる時間・空間の制御を行うなど、パックツアーに比べればその統制はより一層細かな点に及ぶ。

第二に、パックツアーと比較してみると、「学級」の事前制御がより長期にわたって継続する。大部分のツアーはおよそ一〇日前後であるが、生徒の場合この制御は年間を通じて行われ、しかも義務教育期間のみならず、高等学校在学期間まで継続する。いわば学齢期とは、青少年が事前制御の中に組み込まれ続ける時期である、ということができる。

第三に、パックツアーは事前制御があるとはいえ、顧客は旅行を楽しみたいという欲望を持つ自発的参加者である。したがって、この目的達成のための手段としての自己制御とは顧客にとって納得ずみのことであり、彼らは制限されたスケジュールやコースに積極的に理解を示したり、寛容な態度で臨んだりする。このような先の見える自己抑制を、人は甘受する。しかし学校の場合は、顧客としての生徒にこのような欲望が充満しているわけではない。ここでは事前制御とは納得ずみでも何でもなく、何のための統制か、自己了解することが多くの児童・生徒には困難である。学校では往々にして、先の見えない自己抑制が幅をきかせてしまうこととなる。

第四に、パックツアーの成果は、あくまでも顧客が評価する。したがって添乗員は、顧客満足度を高め、リピーターとして再度の利用を促す努力をしなければならない。しかし「学級」という場面では、教師による生徒の評価が一方的に肥大化し、顧客による評価は、義務教育段階では事実上実現されない。親による評価制度もまた、実現には多くの障害が伴う。

第五に、学校が可視的レベルにおいてのみ意識され、そしてまた「良い教育」対「悪い教育」という真贋《しんがん》論争の中に入り込むと、さらに自己抑制とその対価としての満足の獲得という相互作用が、無視されてしまうこととなる。

報われない自己抑制

以上のようにみると、パックツアーとは違い、「学級」には大きな問題が横たわっていることが理解できる。第一に、パックツアーのように、意図的に参加するのではないから、参加者、すなわち生徒の目的意識の脆弱性を免れることは不可能である。何のために学校へ行き、「学級」に所属しなければならないのか、大部分の生徒には理解不能である。

その結果、第二に、目的達成のための手段として学級生活を意味づけることも、そして手段としての規律化、自己抑制を受け入れることも、生徒側には困難である。規律化の意義や事前制御の意味が、顧客としての児童・生徒にはまったく理解されないまま、その洗礼を受けねばならない。先の見えない目的なき規律化、自己了解なき規律化という決定的問題を学級制は持っているのである。

第三に、規律化された生活を継続し、学習を進めていっても、規律化の代償としての成績の上昇という成果が、誰にでも保証されるわけではない。ゼロサム・ゲームはかならず成績をめぐる競争の勝者と敗者とを峻別し、成績格差を生み、成果の不均等配分をもたらす。しかも誰が勝利者で、誰が敗者となるかの事前予測は不可能である。成果を収めることができない生徒にとっては、規律化とは何の代償ともなりえない。満足を得られないままの規律化の進行という、欲求不満の累積状況が学級制には必然的につきまとうこととなる。

第四に、「学級」が共同体言説によって多様な活動を導入し、生活集団化すると、事前制御が目的達成の手段であることが、完全に無視されてしまう。このことは、事前制御そのものが自己目的化されてしまうことを示している。自己抑制の自己目的化という、耐えがたい状況を児童・生徒は受け入れねばならないこととなる。

第五に、教育評価は教師が生徒に対して行うものであり、顧客としての生徒が教師に対して行うものではない。通常のサービス業からは逆立ちしているとしかみえない評価制度が、学校では正当な制度となっている。このことは、自己抑制とその対価としての充足感の獲得という通常の関係が、学校に成立しがたくなる条件を作り出している。学校はしばしば、市民社会のルールから逸脱し、無用な校則を産出するといわれる(森政稔)。しかし問題は、校則にとどまらない。市民社会のルールが社会的に正常に機能していない場合、組織の側が特権的立場に立ち、自己抑制にかなうだけの十分な自己充足の実現を図るという、パックツアーにはみられる正常な関係がますます無視されてしまう。

同じく事前制御され、パッケージ化されながら、学級における自己抑制は、パックツアーの場合のように、高い顧客満足で報いられることがないのである。

目的も満足感もない空間で生まれるもの

学級制は明らかに、特定機能充足のためのパッケージとして生まれた。そしてそれは、分業制の産物であった。しかし、わが国において学級制が導入された明治時代の後半は、いまだに社会における分業制の展開が制約されていた時代であった。このような社会が、機能限定的な「学級」という集団形態を素直に受け入れるはずはなかった。むしろ自給自足的な生活を続けてきた村落共同体の生活の論理が、そのまま「学級」の中に入り込んでも不思議ではない。

「学級」が機能集団であれば、子どもの生活の一部分を「学級」が占めるに過ぎない。逆に「学級」が生活共同体化するということは、「学級」が日々の生活のすべてをおおい、支配することを物語る。「学級」は多様な活動を抱え込み、「重たい学級」となる。多様な活動の抱え込みと事前制御や自己抑制は、相容《あいい》れない。ここでは、ハードウエアとソフトウエアとの完全な不一致が発生する。

逆に「軽い学級」であれば、学級の活動は学習機能に限定され、自己抑制をした分の代償として、成績向上という成果がもたらされねばならないという自覚が生まれやすい。習う側に、自己抑制して教師の話を聞く目的が明白であれば、また授業の成果に対する判断も明確となる。成績が向上しなければ、目的が達成されていないことが、当事者の問題として自覚されやすい。また、毎日の授業に、目的意識を持って臨む態度が形成される。

しかしいろいろな活動を吸収した「重たい学級」では、このような学習に対する目的意識は形成されず、自己抑制と満足との均衡感も自覚されにくい。このような「学級」の中での生活とは、目的を知らないまま、あるいは達成感を感じることもなく、自己抑制を継続することに他ならない。自己抑制は自己目的化し、児童・生徒はひたすらまじめであることが求められる。あるいは、まじめであることが、しばしば教育効果が上がった成果として強調される。

事前制御され、自己抑制を求められるだけのこのような規律空間に、児童・生徒が耐えられるはずはない。逆に彼らの立場から、自己抑制に対する代償充足行動を開始し始める。教師が積極的に学習目的に彼らを誘導しない限り、何らかの満足を得るために、彼らは自ら充足感を得るための勝手な行動を開始してしまうだろう。しかもその行動は衝動的となる他はなく、さらにまた抑圧に対する快楽追求行動として、多方面への分化が発生する。ある場合は、学校が正当と見なす行動へと向かうかもしれない。そしてまたある場合は、学校が禁止しようとする行動へと、あるいは学校外での充足へと向かい、自己抑制の代償をもとめる多様な活動が展開される。

学習しない大学生、繁栄する学習塾

学校で正当と見なされる自己抑制の代償とは、学習活動を通じて、高い学力を獲得することである。供給先行型組織として出発した学校は、需要が高まらないままに、学校組織の中に組み込んだ児童・生徒の学習意欲を喚起し、彼らをこの自己抑制と満足の獲得という収支関係の軌道に乗せる努力を進めていかねばならない。多くの研究が示しているように、家庭の生活環境、あるいは文化資本などの保有状況によって、彼らの学習に対する態度に大きな違いが生まれる。そのような状況の中で、教師の努力の成果として、パックツアーと同様、自己抑制と満足の獲得という正常な収支のバランス関係を持ちうる児童・生徒が生まれることも確かなことである。

しかし、学習意欲の喚起に集中することなく、「重たい学級」の維持に教師が努力を重ねている場合、児童・生徒の意識の中での学力への執着心の発生は、偶然性を免れえない。それは、「学級」に組み込まれた競争による学習意欲の喚起として成立する。固定した「学級」という閉じられた世界は、ゼロサム・ゲームが発生する場である。毎日五～六時限も費やして行われる授業は、有無を言わさずに児童・生徒を、成績をめぐる競争に駆り立てる。この競争によって名誉を獲得しうる者はやる気を起こし、学習意欲をかき立てられ、成績下位者は逆に意欲を削がれ、やる気を失っていく。教師が学習活動に照準を合わせなくとも、閉じられた空間世界の中で、競争の産物による学習意欲が刺激されることとなる。

教室の仲間との、あるいは学校の同輩との競争意識によって動機づけられるという特徴を持つこの学習意欲は、競争相手の消失と共に低下していく。小学校から高等学校まで、固定化された「重たい学級」の中で競争状況に置かれ、大学に入学したとたん固定的学級がなくなり、選択科目による流動的学級制が日常化した時、競争相手を持たない学生はなすすべを知らない。あるいはまた、大学に進学したとしても、何を本当に学びたいのかわからない学生が、大量に産出されることとなる。進路決定における目的意識の希薄さ、そしてフリーターと呼ばれる若者の増加もまた、このようなゼロサム競争に依存して学習意欲をつくる「学級」のあり方と無縁ではないだろう。

このように考えると、学習塾の繁栄もまた納得することができる。3R's の伝達を軸に形成された学級制がその目的を失い、多様な活動に手を染め出したとき、需要供給関係は完全に消失したこととなる。進学率が向上し、一定の学力の形成を期待する需要が高揚したにもかかわらず、学級制がこの期待に応えなければ、消費者が別の機関に足を向けるのは当然のことであろう。

かつて日陰の存在であった学習塾が、文部科学省により学校と連携すべき機関とされ、さらに、予備校の講師による現職教員に対する研修が行われ始めた。学習塾や予備校に対する評価の高まりは、学校における学級制の本来のレールからの逸脱を物語る。

あえていえば、学習塾の「学級」こそは、学級制の本来の姿であるといっても過言ではないだろう。学力の獲得という需要に応えようとする学習塾では、学力水準の向上のための事前制御と自己抑制が、高い成績の達成という顧客の満足感で贖《あがな》われるからである。

しらける子どもたちの快楽追求

自己抑制を続けながら、成績上昇や、学習成果に対する高い満足を得られない多数の児童・生徒の存在は深刻である。彼らは、生活共同体化し、導入された学級のいろいろな活動によって、学力の獲得に代わる、別の満足を獲得しうるのであろうか。

確かに、他学級との対抗ゲーム、お楽しみ会のような娯楽活動、あるいはクラブ活動など、教師の側から提供される活動が、代償としての満足を得る方策となりうるかもしれない。しかし、教師の側から提供されるこのような活動に、どの児童や生徒も直ちに反応し、また教師が期待するようにこれらの活動を受け入れるということはありえない。むしろ教師が懸命に取り組んでいる活動に、しらけてしまう児童・生徒が多い。

それらの活動は、計画の樹立や準備のために新たな自己抑制を求めることが多い。また、部活動にしばしばみられるように、勝利至上主義のために、さらなる自己抑制を学校が求める時、生徒側の抵抗はより一層強くなるであろう。事前制御された生活に有無を言わさずに組み込み、そしてさらなる自己抑制を求めておきながら、提供された活動に楽しみを見いだせと求める大人の勝手な論理が、生徒たちにそのまま通用するとは思われない。

学級集団作りや仲間作りが持つ問題も、ここにある。一方では児童・生徒は事前制御という見えない学校の強烈な組織化のテクノロジーに支配され、自己抑制して、感情的に行動することを厳しく制限されている。さらに、名誉の獲得をめぐって、恒常的な競争状態にある。このような学級空間の独自な力学が作用する中で、彼らが教師の命ずるままに、緊密な人間関係を維持したり、統一された行動をとりうるはずがない。

むしろ子どもたちの快楽追求行為は、教師の手を離れた、衝動的な気晴らしとなる。気まぐれな一瞬一瞬のたわむれにより、仲良しどうしのふざけあいを演じたり、いじめのターゲットを見いだしたりする。いじめと仲良しとは、このようにみるならば、児童・生徒の意識の中では同一平面上にある。一瞬のたわむれが、仲良しごっことして現れようが、そしてまたいじめとしてエスカレートしようが、出発点は事前制御空間での自己抑制を贖えないという、代償充足不全状況にあるからである。

さらにこの代償充足不全状況は、学校内での衝動的快楽の追求にとどまらない。学校から逃避し、学校外での衝動的な快楽追求行動となって現れる場合もある。「〈飛び地〉としての都市文化」（岩見、六九頁）は、格好の代償供給源である。学校でのきまじめな性格とは一変した奇異な児童・生徒の行動は、見えない学校の自己抑制に対する代償獲得行動といえるであろう。

見えない学校として自明化され、放置されることにより、「学級」は、事前制御に伴う自己抑制を贖うための、児童・生徒によるさまざまな衝動的代償充足行動を生みだす温床となっていくのである。

2. 無力化される児童・生徒

自己決定権の剝奪

事前制御されることは、学習活動が他律的に進行することに他ならない。この事前制御された「学級」の中で生活するには、児童・生徒が自己の方針を明確に持っていたり、強固な意志を持つ存在であったりしてはならない。パックツアーでも、自分の行きたいところへと行くという顧客の要求を抑えてしまわねばならない。学校は、学校に行きたくないという生徒の存在を承認してはならないだけではなく、自分のペースで学習を進めたいという生徒の存在も認めてはならないのである。そのためには、学校は児童・生徒を無力化し、彼らが学校秩序に従順になるように仕向ける必要がある。

スタンダードの導入によって、教師は恣意的に自分の好みで判断し、教えることが禁じられた。またチェーン・システムは、現場における従業員の判断を極力少なくし、中央本部の指令とマニュアルに沿った業務遂行を行う。しかしサービス業はさらに、顧客の行動まで規制し、セルフサービス制を導入し、客に規定されたとおりの行動をとらせる。学校でも、生徒は時間割に沿った行動を求められる。

時間割というわれわれにはありふれた紙切れが示すことは、教科の好き嫌いや、優先順位などに関する自己決定権を児童・生徒に認めていたのでは、学校の一斉授業は成立しないということである。

児童・生徒を無力化し、彼らから学習過程に関する自己決定権を剝奪することによって、ようやく「学級」による教授活動は成立しうる。「学級」という事前制御空間は、あえていえば、児童・生徒の自己決定権の剝奪という人権侵害をすることによって成立する集団である。このことを強要しない限り、「学級」も、そして一斉授業も成立しえない。

生徒を無力化し、従順な存在に仕立てあげる方法は、軍隊や刑務所、そして隔離病棟にみられる例と類似している。需給関係を欠落させたまま、強制力を行使することによって、本人の意志を無視してでも収監したり、隔離したりするこのような施設を、社会学者ゴッフマンは「全制施設」と呼んだが、学校も強制力を行使して生徒を学級に集めるという点では、類似点を持つ。そして彼はこのような全制施設における被収容者の変化を、「無力化過程」と呼んだ(ゴッフマン)。

学校は監獄や隔離病棟のような完全なる意味での「全制施設」ではない。しかし、組織内組織としての学級を形成し、生徒を強制的にこの集団の中に入れ込み、閉鎖的生活を長時間にわたって継続するという点では、学校は「全制施設」にきわめて類似した組織であり、これに類似した統制が課され、生徒を無力化する(越智、一九九九年)。

一方的・徹底的な監視

生徒を無力化させる方法としてもっとも単純で野蛮な方法は、体罰である。だが体罰は、さらなる抵抗を生む。また人権意識の高まりとともに、社会的承認を得られなくなっていく。被収容者を従順にするには、別の巧みなテクノロジーが必要となる。

まず「全制施設」に類似した学校は、個々の生徒が日常的に社会と接触する際、自己のアイデンティティーを確認するに必要な物を奪い取ったり、着用を制限したりする。例えば学校は、所持品検査、身体検査、あるいは制服や身なりについての校則の制定という手続きを行う。

さらに、就学前あるいは就学後の調査を通じて、教師は児童・生徒の成育歴、生活環境等の資料を得ることにより、生徒の生活を丸裸にすることができる。教師の下には職務を通じて、生徒の家庭や地域における生活情報が蓄えられ、学校における成績や行動の観察記録と共に、生活指導上の重要な情報が整備されていく。特に教室は、フーコーが『監獄の誕生』で述べた、「一望監視装置（パノプチコン）」さながらに、教師によって個々の生徒の行動が一度に監視される場である（フーコー、一九七七年）。教室で全体を見回すことにより、生徒の性格、能力、教師に対する態度の差異などの情報を、相互に比較しながら、詳細に観察することができる。生徒は、自分の秘密を持つことが制限され、多様な方法で教師の情報として蓄積されていく。

逆に生徒の側が教師に関する情報を得る機会は、ほとんどない。教師と生徒の間では、相手に関する情報獲得量について、圧倒的な格差が存在する。あるいは教師は、意図的にこの格差を拡大しようとする。

かくして、自己の生活の細部まで知り尽くされ、秘密を持つことができなかったり、自分のペースで生活をすることが承認されなかったりした場合、人間は次第に無力化されていく他はない。無力化は、命令を下したり校則を制定したりするというような可視的なレベルでのみ進行しているのではなく、自明のこととして受け入れられた身体検査、試験、教師による観察など、児童・生徒に関する情報蓄積のあらゆる方法によって促されているのである。

将来の成功のために

しかし、このような単なる無力化の方策では、児童・生徒の積極的な学習意欲は生まれてこない。無力化され、従順となりながら、なおかつ積極的に学習する人間として、彼らを訓練せねばならない。従順性と同時に積極性をも生み出すという自家撞着《じかどうちやく》的な技術の開発は、学校には不可欠である。ここにこそ、司牧関係として宗教が改めて学校の中へと入ってくる理由がある。また学校組織が、ハンターが言うように、「司牧型官僚制」という特殊な形態をとる理由がある。

司牧関係は、信者が自分の罪を自覚することから始まる。罪深い存在の人間が、死後の世界において救われるためには、神を畏《おそ》れる人間にならねばならないし、また救われるためには、神の意にかなうように被虐的な、あるいは自己否定的な努力を積み重ねなければならない。司祭こそは、信者に絶対的な神への従順性を培い、なおかつまた激しい自己否定的な努力を促すのに、欠かすことのできない存在である。

ストウやケイ・シャトルワースが教員養成学校において、ことさら宗教教育の重要性を強調し、キリスト教の意義を説いたのも、この生徒の無力化と主体性の涵養の問題と密接に関連している。学校秩序が安定するには、原罪意識を挺子《てこ》にして、「自分は教師に導かれ、教わらねばならない未熟で怠惰な存在である」という自己確信を、生徒に持たせねばならない。

しかし世俗化された学校で、このような濃密な宗教意識をかき立てることは次第に困難となる。従順性と積極性を同時に獲得する技術は、宗教から離れて、功利的な栄光や立身出世という、未来の生活にかかわる夢を提供するように変容していく。「現在の自己に甘んじることなく、将来のよりよい生活を目指して努力し続けなければならない」という先に期待をつなぐ成功神話を生徒に植えつけることほど、学校が生徒を秩序に馴致させ、また積極的学習態度を作り上げるのに効果的方法はない。

学級秩序は、「未来志向の物語」（稲垣、一五三頁）を必要とするのである。「自分の将来は学校教育の成果にかかわっており、教師に依存することなしには将来の成功はありえない」、という意識をいかに生徒の頭の中に作り上げるかに、学級秩序の維持はかかっている。「病気は自分で治せないし、また加持祈禱《かじきとう》でも治らない」という自己確信が、医師のもとへと患者を行かせるように、生徒にとり教師が不可欠の存在であるという信念を形成しなければならない。

『ハマータウンの野郎ども』

このような生徒の無力化に半ば成功し、半ば失敗した学校を描写した例として、イギリスの二〇世紀後半の学校像を描写した『ハマータウンの野郎ども』というかの有名なモノグラフがある。

ここに描かれたのは、教師の命令に従って忠実に学習に励む「耳穴っ子」と呼ばれるまじめグループと、授業に不熱心で、教師の監視の目をかいくぐって学校秩序に抵抗する「野郎ども」のグループであった。この本は、労働者階級文化の真っ只中にあり、親と同じように底辺労働者階級の生活を続けていく意図を持った「野郎ども」が、積極的に学校から離反していく様を描写した研究であり、また階級文化再生産のメカニズムを明らかにした書物として有名である（ウイリス）。

文化的再生産の問題はさておき、この書物から読み取れるのは、学校が生徒を無力化し、教師の命令に忠実に従う生徒を作りえない場合、学校秩序の動揺は防ぎようがないということである。学校は、少なくとも「耳穴っ子」に対しては成功を収めた。中産階級的価値観を身につけた「耳穴っ子」にとっては、教師は欠かせない存在である。教師の手によって、将来への夢が育まれ、向学心がかき立てられる。

しかし「野郎ども」に対しては鎮静化に失敗した。「野郎ども」は、一人前の労働者になるのに、親や近隣の大人たちの文化を習得すれば十分であると考えており、教師の手助けなどまったく必要とはしていないという事情がある。底辺労働者の家庭に育った「野郎ども」にとっては、教師が約束する地位はまったく意味をなさない。また、一人前の労働者になるということは、早くから自立する必要があり、彼らにすれば、教師の命令に従順であることは、そのような労働の必要性に逆行することとなる。義務教育制度開始時にシステム化された学校とよそ者の教師の権威に反発し、私設の学校を守ろうとした底辺労働者の血は、いまでも脈々と流れているのである。

醸成される罪の意識

わが国においても、戦前の修身の教科書に立身出世した豊臣秀吉が登場し、刻苦勉励、仕事に励んだ二宮尊徳の銅像が全国の学校に建てられたのは、このような意味からであった。しかしそれは、単なるモデルとしての人物像の提示ではなく、それが内面から働くように仕向けねばならない。わが国の立身出世主義を研究している竹内洋は、小学校教師が明治以来果たした役割を次のように指摘している。

小学校教師は、「勉強して偉くなれ」を繰り返し、「お前はきっと偉くなれる」を激励の言葉に使った。このときに、「なにをする」かはもちろん、「何になる」かも不問で、ただ「偉くなれ」といわれたことに注意しよう。立身出世は自己目的化している。卒業後何十年かたって、同窓会をやったときに、「お前はきっと出世する」と先生からいわれたのは自分だけではなく、クラス全員の者がそれぞれにいわれていたことがわかって大笑いする、という挿話がたくさん生じたのである（竹内、三二頁）。

このようなエピソードを逆にみれば、教師が児童の自己抑制と努力を求めるためにいかに苦労し、彼らの関心を未来に向けさせたのかということが、よく理解できる。空手形とわかっていても、ともかく未来に眼を向けさせねば、学校秩序はおろか、教師の支配の正当性も危機に瀕する。しかし、超越的な神の存在を前提にした原罪意識と自己抑制の文化そのものが存在しないわが国で、罪の意識を醸成するには、ひと工夫が必要であった。

それは、他の生徒には内緒で個別的な教師・生徒関係を作り上げ、教師の期待に背く自分を負い目に感じるように仕向けることであった。「先生は自分の将来のことをこんなに心配してくれているのに、私が怠けたのでは申し訳ない」、あるいは「先生の励ましにもかかわらず、成績が上がらないのは、私の努力不足が原因である」という負い目に基づく罪の意識を生徒の中に生み出すことが、教師にとってはもっとも必要であったのである。わが国の親子関係で、子どもの中に親に対する罪悪感を醸成し、しつけていくというモラル・マゾヒズムの傾向が存在した（原、我妻、一七三頁）。この手法はそのまま学校の中に入り込み、児童・生徒の内面的感情に焦点を向けた罪悪感の醸成法となっていった（恒吉、二六〜二八頁）。作文指導を通じて生徒の内面まで入り込むことができた教師にとり、このような感情操作は、きわめて容易な技術であったと考えられる。この負い目意識をバネに、児童・生徒の側に主体的学習活動が生まれれば、ことは十分である。

明治以来多くの教師たちは、このような日本的司牧関係を形成することによって、生徒に対する支配の正当性を受容させようとした。そして事前制御され、他律的である学習を、このような負い目という被虐的態度と意図的に接着させることによって、積極的に受け入れるように仕向けたのである。規律権力は、このような被虐的態度の創出によって、その支配の正当性を獲得する。

抵抗

しかし、どの生徒も、従順で無力な状態に入り込むのではない。あるいはまた、教師への負い目意識をどの児童・生徒にも作り出せるわけではないし、「偉くなれ」という殺し文句が、いつの時代にも通用しうるのではない。負い目意識の形成は、「偉くなれ」という励ましの言葉に込められたコード（暗号）を解読する、それなりの受信能力を必要とする。励まされて、「暖かい声援を送ってくれる人の恩義には応えねばならない」、「裏切ってはならない」という、「我が師の恩」に応える内面の感情がかき立てられねばならない。

しかしながら、経済成長を境に人々の生活が貧困から解放され、豊かな社会へと転じるに従い、「我が師」に負い目を感じるようなコード解読能力は、次第に弱体化した。ひたすら快楽主義の道を模索し、励ましの言葉や説教を「余計なお世話」としか受け止めることのできない子どもや若者には、負い目形成による秩序確保という方策は通用しない。ましてや立身出世というような成功物語も、また空虚な話でしかない。

また、体罰が禁止され、校則や身なり・服装への規制が人権意識の高まりによって緩和されていけば、学校は次第に無力化のために取りうる手が乏しくなっていかざるをえない。それは同時に、個人意識や、個性尊重が、児童・生徒の意識として強化されていくことを意味する。自己否定ではなく、自己肯定こそ、豊かな社会の若者の日常意識である。

こうして学校秩序を維持しようとする教師の権威も低下していく。高度成長期以降、わが国の学校が激しい秩序問題に遭遇しなければならなかったのは、このような日本的司牧関係の解体作用が進行した結果に他ならなかった。

教師に対する、あるいは学校秩序に対するさまざまな抵抗が発生するのは、必然的なこととなる。消極的には、居眠りやわき見、そして私語のような、ごく日常的で些細《ささい》な抵抗として出現することもある。そしてまた、校内暴力として、教師へのあからさまな抵抗、あるいは施設破壊行為が発生する可能性は、必然的に高くなる。ハマータウンの学校の場合、抵抗したのは、明らかに自己抑制の文化が脆弱な労働者階級という社会的属性を背負った生徒たちであった。しかし自己抑制文化をそもそも欠く日本社会において、抵抗する生徒の範囲は、限定されるものではない。

無力化装置の達成

明白な学校への抵抗行動や、学校からの離反行動が生じているのは確かなことである。しかしこのような抵抗が一方において存在するにもかかわらず、大部分の生徒は依然として学校秩序に順応し、事前制御という環境に適応しており、特別に問題として指摘される行動を起こしているわけではない。

問題を起こさないのは、生徒が従順な人間として飼いならされたからに他ならない。他人によって決められたとおりの手順に黙って従うだけで、そこでは自分にあった授業の進み方、学習のリズム、教科間の好き嫌いなどに関する自己主張が停止されてしまっている。自らのペースで進むように自己決定することもなく、毎日を「学級」の中で過ごすこと、それは生徒が徹底的に無力な存在と化したことを、あるいは、無力化する作用が、継続的に働いていることを意味する。事前制御された「学級」なくしては、効率的な教授活動を推進することはできない学校とは、このような意味で無力化装置と呼ぶことができる。

校則や体罰が人権侵害として非難されるにもかかわらず、なかなか学校からなくならないのは、この無力化と密接に関連している。すなわち学級制が、「不可視的レベルで行使されている自己決定権の剝奪」という人権侵害を欠くことができないからである。他の行動は放任しておいて、学習活動場面のみで自己決定権を奪うことは困難である。児童・生徒を机につかせ、学習活動にかり立てるための方策として、教師は授業とは無関係の他の生活領域までをも無力化せざるをえない。とりわけわが国の学校のように、共同体原理に貫かれ、あらゆる活動を包摂《ほうせつ》した学級では、生徒を無力化するために、生徒のあらゆる生活領域にかかわり、規制を及ぼさざるをえなくなるのである。

こうしてわが国の学級制は、大正期に確立し、今日にいたるまで、定住型という基本的姿を何も変えてはこなかった。中等教育段階になっても、選択科目の導入は限られており、年間を通じて全員が同一学級空間の中で過ごすという風景には、ほとんど変化がない。

事前制御され、自己決定権を奪われた生活を一〇年以上の長期にわたって継続することが、自明のこととして、われわれの社会の中で受け入れられている。しかもこの「学級」は感情共同体として、個々の児童・生徒に重たくのしかかってくる。「重たい学級」での生活を小学校の時代から高等学校卒業まで継続させるということは、何を物語っているのであろうか。一二年間もの長期にわたって自己決定権を喪失した生活がもたらす結果は、いかなることであろうか。

長期にわたる無力化の産物

自分で選んだり決定したりすることができないことは、逆にみれば、指示どおりにしか動かないことを意味する。「指示待ち人間」という、消極的な行動しかとりえない若者の増加は、このような学級制に埋没した生活と深くかかわっているであろう。自分の意思で選択し、自分の意思で決定することを止めてしまい、完全に他人が定めたレールの上に乗っただけの生活を長年継続してきた若者に、積極的な行動を求めるのがそもそも無理であろう。あるいはまた、マニュアルどおりにしか動かないといくら非難しても、長期にわたって足を踏み外すことを堅く禁じられてきた者には、所詮《しょせん》無理な注文であろう。そのような人間にいくら自主的とか主体的という言葉を持ち出しても、何の効用もないであろう。

自己決定しないということは、自分で自分の将来を描きえなくなることでしかない。日常生活の些細な事柄に関する選択と決定の絶えざる繰り返しが、将来の自己イメージを決定する重要な契機である。未来の自己実現という美味しい果実のために、現在の欲望を抑え込むことが、すなわち自己抑制と達成感との収支関係が釣り合うことが、そもそもの出発点であった。しかしこの些細な決定を放棄することは、結局は将来の自己を決定する能力を放棄することとなる。

無力化され、秩序に順応することだけを継続することにより、未来の夢は次第に萎《な》えていく他はない。「未来なき無力化」、「従順の自己目的化」が、青少年にもたらされる。

大学に入っても、自分の目標が判然としなくなってしまった学生の増加とは、あるいはまたフリーターであることに何の疑問も抱かない若者の増加とは、このような長期にわたって無力化を促進してきた学級生活の産物といえるであろう。

あるいはまた自虐的に自己否定を重ねることは、何をもたらすであろうか。「自分に怠け心がある」、「自分の努力が足りない」、「自分がだらしない」という自己否定的意識を持ち続け、ひたすら反省の矛先を自分に向ける態度が、積極的な社会的行動をもたらすとは思われない。下手をすれば、反省のまなざしが自分の方にだけ向けられ、何事も「自分の罪」や「自分の努力不足」と捉えてしまう、自己否定感情のみが膨張することにもなりかねない。

3. ダブルバインドの世界に生きるということ

統制される身体と「自由」「主体性」言説

ハードウエアの存在が見えないままに、見えるレベルでさまざまな教育言説が説かれることによって、問題が深刻化する。なぜなら、記号化された教育言説が現実を作り上げる力を持ち、教師・生徒関係を方向づけるからである。学校にはかくして、教育言説によって生み出される力と「見えない学校」の規制力という二つの作用が及ぶこととなる。

「見えない学校」が及ぼしている統制は、管理や権威に対する嫌悪感を本能的に醸成し、人を自由や解放という魅惑的言説のとりこにさせる。学校は、無条件に心地よい言説の場となる。見えないレベルで、事前制御され、統制されているはずの学校で、「見える学校」レベルで自由とか自発性という記号が乱発される時に、どのような問題が生じるであろうか。

学校の構成員であるならば、この組織の統制から離脱することはできない。現に大部分の教師と生徒がこの学校組織に所属し、事前制御され、時間割に沿った生活を毎日送っている。事前制御という統制を受けていることを意識の上で自覚しないだけで、身体はこの制御の中にある。そして意識は、自由とか主体性とかの言説を信奉している。身体は意識しなくとも統制され、意識にのぼる言説では、自由や主体性が強調される。教師も生徒もこの二つの命令によって動かされる時、彼らは完全なダブルバインド（板ばさみ）の落とし穴に入り込まざるをえない。

一体的関係と没人格的関係

「見える学校」は教育言説を通じて、教師と生徒との社会的距離を極力小さくし、両者のコミュニケーションを成立させ、一体性を強化しなければならないという規範を強調する。「教育は抑圧を排除し、自由でなければならない」という教育言説は、自由や主体性、自発性を強調し、教師による統制を極力回避しようとする。このような教育言説は規範化され、教師を内面から強力に規制する。

教育言説はまた、生徒の相互関係を規定する。仲間作りとして、生徒の間の結合を強化しようとする言説も強力である。赤の他人が学級を構成するわけであるから、生徒相互の結合をもたらす必要性が生じることは確かである。しかしこの関係をさらに強化し、自己目的化する言説が生まれ、集団作り、仲間作り、支え合いということが、ことのほか強調される。またこれに付随して、生徒の内面まで入り込む生活綴り方運動の影響は、「心の教育」を主張するカウンセリングブームとして、今日健在である。

しかしこれに対して「見えない学校」は、合理的システムとして組織構造を維持するために、教師に対し、組織による縛りを課す。それは、何よりも教授活動を個人的、人間的な性格を持つものとしてではなく、組織によるサービスとみなす。この状況は、感情を抑えた冷静な没人格的関係を教師が備えることを求め、生徒との社会的距離の維持を促す。たとえ教師が学級のことを事前制御された人為的集団であることに気づかなくとも、彼は常に出欠を確認し、遅刻しないように注意し、授業中の私語、いねむり、わき見を監視し、授業をまじめに受けるように注意を促さねばならない。そしてこの場合、「えこひいきをしない」という程度の意識は常に保持しながら、生徒に客観的、没人格的に接していくこととなる。

逆に生徒側からすれば、自分たちが教師から出欠や遅刻についてチェックされたり、授業中の態度について注意されたりする立場にあることを、当然のこととして受け入れている場合が多い。こうして、特別意識はしなくとも、あるいは時々意識の上で秩序維持を重要な課題として自覚しつつも、合理的組織としての学校に必要な統制が、教師にも生徒にも及ぼされているのである。「見えない学校」は、散発的に意識にはのぼるが、大部分の行動は習慣化されており、意識よりも身体が自動的に動くように仕向けられている。

また、「見えない学校」における「学級」には、生徒間のゼロサム競争がインストールされていた。均質化され、同一性が備わったこの集団では、さまざまなことがこの競争の対象となる。教師から指名されたい、誉められたいという承認を求める競争から、試験の成績を通じて名誉を獲得したい、目立ちたいなどという競争にいたるまで、さまざまな児童・生徒の欲望が渦巻いている。この場面で明らかなことは、特定の生徒だけが、このような欲望を持つのではない。学級の構造が、すべての生徒をこのような欲望にかり立てるのである。

進行する無力化

学校には、「見えない学校」の組織構造によって規定され、多くの場合には無意識化し、習慣化された行動と、「教育はかくあるべし」として教育言説によってかき立てられ、規範化された意識的行動とが同時に存在する。「学級」の中にはこの二つの行動が共存しているのである。教師も生徒も、かくして「学級」というダブルスタンダードの世界の中に生きる他はない。

「子どもが主役」、「子どもが主人公」、「子どもの主体性と自発性」など、生徒が事前制御の世界に組み込まれ、身動きできないことが不可視化されているがゆえに、正反対の教育言説が飽くことなく投げかけられてきた。しかし教育言説が、教師に学級制の呪縛からの離脱を奨励することもありえない。身体はあたかも椅子に縛り付けられているかのごとき状態にある生徒に対し、「あなたが主役」と強調することがいかに空々しいことであるのか。否、このような空々しい言葉、あるいは態度で教師が接した場合、生徒はどのような反応を示すのだろうか。

鋭い子どもは、教師の発言の欺瞞《ぎまん》性をすばやく察知するであろう。また、小学校高学年や中学生ともなれば、公然と教師の発言の虚偽性を見破り、反抗的態度を示すこととなるであろう。学級崩壊が、教師に対する不信感から拡大したという例は、決して少なくはない。生徒に自由を推奨しておいて、いきなり管理的態度を示されれば、反感を示さないほうがおかしい。

しかしどの生徒もこのような虚偽性を見いだして、教師に抵抗するということにはならずに、沈黙して、引き込まざるをえなくなってしまうという傾向のほうが強い。なぜなら、教師の行動や発言に疑問を持ったとしても、一方では学級秩序を仕切る教師の命令にも従わねばならないという別の意識が、生徒には根強く存在するからである。毎日出席をとり、授業中には学級秩序維持のための注意を与え、試験をして生徒を序列化する教師の存在を生徒は軽んじることはできない。そして何よりも、生徒が事前制御の貫徹した学級生活を送っているということは、従順な存在となっていることを意味している。このような状況に置かれている生徒が、教師の言動に虚偽性を意識しても、批判をするには、あまりにも大きな勇気が必要となる。

批判することもできず、しかし教師の発言や行動に対する疑問も抑えられない生徒は、どのように自分の身を処すればよいのだろうか。子どもが深刻なダブルバインド状況に陥らざるをえないことだけは、確かなことであろう。こうして子どもは、主体性、自発性の涵養という言説とは反対に、消極的な存在となる他はない（亀山）。生徒の無力化はますます進行せざるをえないのである。彼らの意識の中に学級忌避感情が徐々に醸成され、不登校という名の引きこもりへと落ち込む可能性が高まっていく。

演じる子ども、暴発する子ども

しかしまた別の回路も存在する。自分の身は拘束状態にあったり、競争をしたりするように無意識の内に仕向けられ、体はこの状況にそのまま順応しているのに、「自主的に振る舞え」、「仲良くしろ」という命令を出された時、引きこもることなく、もっと積極的な態度を示すこともありうる。考えられるのは、ともかく児童・生徒が可視的な教師の発言を受け入れ、それに合致した行動をとるということである。簡単にいえば、教師の言葉に沿って演技しなければならない。彼らは教師の発言をタテマエとして一応は受け入れ、ホンネとは区別するという、面従腹背の態度をとり続けるだろう。教師や周りの大人の期待に添って、元気で明るい子、まじめな子、仲良い子、成績のよい子等、教育言説が掲げる教育効果が上がった姿を絵に描いたような子ども像を自ら演じながら、体は規律化され、権威的秩序に自動的に服従するように仕向けられ、さらにまた、競争意識もなくならない、このような状況の中にいる人間とは、いったいどのような存在であろうか。

われわれが現代社会の子ども論を展開するならば、ここから出発しなければならない。無垢《むく》な子どもという理念や思春期の感情のもつれという心理学的知識から出発したりしては、子どもが置かれたこのような矛盾的状況は理解できない。このような議論は、せいぜい「あのまじめな子どもが、どうしてこのような残虐な事件を起こしたのか」という、決まりきった議論に終始するだけとなる。「あのまじめな子が」という正常の中の異常に驚愕《きょうがく》するという光景に、われわれは幾度さらされてきたのだろうか。

議論しなければならないのは、子どもが起こした問題は異常性の中で起こったのではないか、ということである。深刻なダブルバインドをもたらす学級という空間世界の中に生きなければならないというこの異常性が、子どもの異常な行動を生む原因となっていると考えられる。

まじめで優秀な生徒が援助交際や繁華街での奇抜な行動をとること、あるいはリストカットのような自傷行為や家庭内暴力という悲惨な行動に走ることについては、これまでさまざまな報告がなされている。このような事件はこれまで不可解であるがゆえに、最後には心の問題へと押し込められてきた。結局は、異常な精神を持つ子どもの「心の闇」の問題として片づけられてしまう。しかし、学級制というシステムが含むダブルバインド状況が、このような問題発生に不可分にかかわっていることは、否定しえない。

生活共同体化した「学級」の矛盾的状況をみれば、これらの問題は、異常な世界の中で発生した異常な問題という他はない。よい子を演じなければならない子どもが、無意識のうちにこの異常な、アンバランスな生活に均衡をもたらし、精神的安定を得るために、暴発的、衝動的に、奇怪なあるいは残虐な行動に走るということは、逆に十分に理解されうる行動なのである。そしてまた、その残虐な結果は常識的な大人による理解の範囲を超えているのである。

絶えざる自己欺瞞を強制される教師

教師こそは、氾濫する教育言説の渦中にある。ハードウエアとしての学校を維持するために、教師は児童・生徒を強制的に事前制御空間に入れ込み、規律化しなければならない。しかもこの教師が、逆にハードウエアの存在を無視したまま展開される教育言説の洪水の中に自分の身を置かねばならないという、矛盾に満ちた事態が襲う。教師は深刻なジレンマ状況の中で、日々の活動を遂行していかねばならない。

事前制御という特別の操作が加えられた世界に児童・生徒を閉じ込めておき、従順性を養い、無力化に努めながら、他方では教育言説により、「いきいきと」とか、「のびのびと」とかの言葉を乱発し、積極的、能動的態度や行動を求めて働きかける。また、先述のようにあらゆる方法を通じて、児童・生徒に関する情報を獲得し、圧倒的な情報の格差を一方で作り上げながら、「共に学ぶ」とか「共感的理解」とかいう言説のもと、教師は彼らとの間に、友達同然の関係を作るように促される。有無を言わさず事前制御の世界に投げ込まれた児童・生徒が、すぐに学習意欲を充満させ、教師に期待をかけ、両者の相互作用が円滑に進むという保証はない。教師は生徒との対面的状況の中で、自主的・主体的態度が生まれることを、規範として期待する。しかし残念ながら、生徒の側に学習意欲が充満して、彼らからの期待どおりのフィードバックを得ることができないという「状況的ジレンマ」(山本雄二)を常に体験せざるをえない。あるいは、「自主的であれ」と命じなければならないという きわめて逆説的状況の中に、教師は身を置かねばならないこととなる。

わが国の言説空間においては、「教育の場において、能力や成績によって子どもたちを序列化することを、教育の最大(悪)の問題とみなす見方」が強力に支配している(苅谷、二三五頁)。しかし、競争が自動的に発生するように仕組まれた「学級」とは、生徒間の能力の格差を際立たせ、自動的に拡大させる装置である。教師の毎日の実践は、有無を言わさず成績格差を作り出す。

あるいは、「能力別学級編成は差別であり、人権侵害である」とする言説が支配する中で、教師は児童・生徒の好みを完全に無視して、彼らに自己決定権を与えることなく、授業を進めていかねばならない。自己決定権の剝奪という人権侵害を行いながら、人権を尊重する教育を行わねばならないという、自己矛盾を教師は背負うこととなる。

こうして教師は、学級という事前制御空間を維持しつつ、また溢《あふ》れる教育言説空間に身を置くことによって、日々の教育実践を展開していかねばならない。この学級をめぐる逆説的状況が物語ること、それは絶えざる「自己欺瞞」(亀山、二〇三頁)を教師は強制されざるをえないということである。このような状態が、教師の精神状態にとって健全であるはずはない。あるいはまた、このような状況が、教師の職業的満足度を高め、実践意欲を向上させるとは考えられない。むしろこのような状況は、逆に作用するであろう。

分業制の中の教育労働

教師の労働は、あくまでも教授活動の分業化の過程で考えられる。ヴェーバーは分業の進展を踏まえて、官僚制化された組織に組み込まれた人間の状況を、マルクスの「生産手段からの労働者の分離」という概念より広く、「労働手段からの労働者の分離」として表現した（三戸、五二頁）。どのような仕事もかつて家業として、自分で仕事に必要な用具や施設を整えねばならなかったが、その分、自分の裁量で仕事をすることができた。しかし、分業の進展は、経営者と労働者に人間を分離し、経営者は労働者に労働手段を提供して単純労働を求め、給料を支給する。

教師もまたかつて、商人として授業料をあつめる自由業であり、また買い手をもとめて各地をめぐる「放浪教師」であった（児玉）。定住して俸給をもらう官吏的教師は、一三世紀ごろから生まれたとされる（横尾、一二八頁）。産業革命期のイギリスの私設学校もまた、安い授業料で読み書きを教える、一種の商売であった。このような商人教師は、教授活動に必要な施設も教具も、自分で調達しなければならなかった。しかし、教授活動への分業制の導入は、学校経営者と教育労働者とを分離し、教育手段を経営者から支給され、賃金をもらう労働者へと教師のあり方を変容させた。

分業化し、巨大化した組織の末端での教師の労働は、単純労働、部分労働、反復労働という性格を持ち、疎外性を避けることはできない。残された道は、賃労働者として労働組合を結成し、集合的な意志の表明を、この別組織を通じて行う以外にない。教育手段を自弁しえず、労働者となった教師は、自己の労働者性を強化して、権利の主張や、利益の確保へと動かざるをえなくなった。教師による労働組合の結成はまた、組織化された教授活動の当然の帰結であり、義務教育制度の成立の産物として、どの国においても教員組合運動の成立を見ることとなった。しかし、学校組織が言説によって不可視化されると、運動の展開は変容する。

強制される感情労働

児童・生徒に対して教授活動を行う教師の労働は、笑顔で客にサービスを提供することを会社から求められるスチュワーデスの労働と同じく、「感情マネジメント」を行わねばならない「感情労働」でもある（ホックシールド）。「教師と生徒の信頼関係」とか、「教師による生徒の共感的理解」、あるいは「心の教育」という言葉に示されているように、児童・生徒と感情的に一体化させる言説は、昨今とみに強くなっている。「心の問題」としてのいじめ問題とは、このような状況の端的な表れであろう（伊藤）。

学校で生徒をめぐる問題が発生したとき、このような情緒的一体性の強調の結果として、「教師が子どもを理解しなかった」、「心をつかみえなかった」という議論が蔓延《まんえん》する。学級制に対する客観的理解や問題の分析はなされないままに、教師が生徒の心にどれだけ入り込むことができたかに、議論は集中する。山田昌弘が言うように、「社会全体で感情管理がおこなわれる場合、そこでの感情規則は『あたりまえのもの』として受けとめられ、社会によってコントロールされていることさえも気づかずに、自ら感情ワークをおこなうという事態が起きる」（山田、七九頁）。このような言葉の強迫力によって、教師は際限なき無償労働へとかり立てられていく。

客観的判断基準のない心の問題の深みに入り込むと、「生徒の心をつかむことができなかった」という限りのない自己反省を教師は続けていかねばならなくなる。事前制御された学級世界に閉じ込められ、対価なき自己抑制を強制されたり、無力化される結果として生じた生徒の不満や鬱積《うっせき》は、この場合何も斟酌《しんしゃく》されない。もっぱら教師の心のみが、批判のターゲットとなる。

多忙化が、現代の教師を語るキーワードとなってしまった。情緒的結合の強調は、教師が生徒と行う活動領域を拡大する。学級での教授活動に加え、学級のさまざまな活動、部活動、清掃などに一体となって取り組むよう、教師に暗黙の強制をもたらす。土曜日、日曜日に催される社会教育や地域における子ども向けの行事でも、「生徒をほっておいてよいのか」という殺し文句が、教師に暗黙の出席を促す。

しかし、感情労働は、強制されて担われるものとばかりはいえず、それが生きがいとなる可能性もある。教師と同じく感情労働という性格を持つ介護労働や看護労働はしばしば、顧客との強い感情的結合の可能性をもっているがゆえに、「感情ワークによる疎外回避の特権性」（渋谷、三一頁）という誘惑が存在する。この誘惑が強ければ、労働者としての権利意識は停滞せざるをえない。教師の場合も同様に、「生徒とともに学ぶ」ということに生きがいを感じれば、それは労働強化とは自覚されず、教師により深い生きがいを与えるものとなる。

需要供給関係の顕在化は、労働条件や権利・義務関係の明確化を促す。しかし司牧関係の強調は、教師に自己犠牲を強いる以外にない。労働力を商品として売買しているという労働者像は不可視化され、情緒的に生徒と一体化した教師像のみがはびこることとなる。共感的理解やカウンセリングマインドという感情労働の催促は、教師の労働者意識を麻痺させ、慢性的疲労状態に追いやる。そしてまた、ダブルバインドという言説と実在との乖離によってもたらされた病理とこの感情労働の問題とが重なり合うことによって、教師の魂の病を深刻にする。

終章　変わる学級制
——共同体幻想からの脱却

スズキメソッドのコンサートでハイドンの協奏曲を演奏する子どもたち「写真提供／ロイター・サン」

学校研究にも生きるヴェーバーの問題提起

ヴェーバーは、近代社会を「労働手段からの労働者の分離」が進行する、「不可避的な全般的官僚制化（訳本では官僚主義化）」過程として描写した（ヴェーバー、一九五四年、三四一頁）。すなわち分業の進展によって、われわれの生活の隅々にまで技術的合理化がもたらす官僚制の原理が浸透し、効率性の成果を通して、生活が便利になるということを確認した。しかしそれは彼からみれば、人間により深刻な問題をもたらすこととして理解された。

近代資本主義の成立を宗教倫理によって説明した彼の有名な論文「プロテスタンティズムの倫理と資本主義の精神」の最後では、このような社会の末路には、「魂のない専門人」を作り出す「鉄の檻」（ヴェーバー、一九八八年、二六八頁）が待ち受けているという悲観的な展望を彼は描いた。彼がこのような理論を生み出した時代背景には、アメリカで自動車製造に流れ作業を導入したフォード・システムや、時間・動作研究による科学的管理法で知られたテーラー・システムがあった。自動車工場に典型的に示された巨大な生産工場こそ、人間を機械の歯車としか位置づけない、きわめて疎外に満ちた場であり、ヴェーバーが官僚制論を展開する最も典型的な舞台だったのである。

学校研究に関して、一九六〇年代まで、このヴェーバーの説に同調するような研究が、「学校組織論」としてアメリカやイギリスで相次いで出された。しかし、「物の生産を担う工場をモデルとした分析手法は、個性ある人間を形成する学校分析にはそぐわない」という批判が相次ぎ、学校を官僚制組織として分析しようとする傾向は次第に下火になっていった。確かに、大幅な自由裁量がきくようにみえ、また規則の厳格な適用がなされない状況は、学校ではむしろ常態化しており学校は非官僚制的組織のようにみえるといっても過言ではない。現在ではむしろ、学校の官僚制的性格を否定する議論のほうが、圧倒的に優位を占めている（耳塚）。

しかしJ・リッツアは二〇世紀の末に『マクドナルド化する社会』を著し、かつて生産の場で典型的に現れていた官僚制化現象が、今日ではサービス産業を通じ、チェーン・システムという形で出現していることを見事に描き出した。工場などよりもむしろ、人と人がフェイス・ツー・フェイスで仕事をするサービス業の中にこそ、官僚制原理が貫かれているとする彼の研究は、大きな反響を呼んだ。いわば生産の場だけではなく、消費の場においても官僚制の原理が貫徹し、「鉄の檻」が登場しつつあるという彼の議論は、今から一〇〇年前のヴェーバーの問題提起が現代にも脈々と生きていることを、われわれに改めて示してくれたのである。

リッツアのように、サービスの大量供給システムとしてみると、学校の官僚制的側面がより明確にみえてくる。学級制という一括処理のパッケージを作り出し、事前制御の技術を駆使して教授活動を行っている学校とは、まさしくリッツアが言うように、「効率性」、「計算可能性」、「予測可能性」そして「非人間的な技術による制御」によって動いている、官僚制組織としてのチェーン・システムなのである（リッツア、四八〜四九頁）。教授活動が分解され、教育手段と教師とを分離した分業制が成立し、国家の手で義務教育制度として整備されていく過程とは、ヴェーバーの言う社会の「不可避的な全般的官僚制化」の一つに他ならないのである。

このようにしてヴェーバーの問題意識に戻って学校を捉え直してみると、「学級」とは彼が予言した「鉄の檻」そのものであった。仕事が工程に分割され、関連するあらゆる要素が事前に制御されて成立する流れ作業と、カリキュラムが年齢別、専門別、難易度別に分割され、時間割に沿って進行する教授活動との間に、いかなる違いも認められない。

マクドナルドよりずっと早いチェーン・システム

ところでリッツアは、二〇世紀後半に、マクドナルドがモデルとなり、生活のさまざまな分野にチェーン・システムが急速に拡大していったと強調する（リッツア、七〇頁）。だがすでにみたように、ロサンゼルス郊外のマクドナルド一号店と、ランカスターがバラロードで開設したモニトリアル・システムは、いずれも伝統的な熟練作業の中に分業制を持ち込み、その後はこの分業の進展に合わせて組織を拡大したという意味で、完全に同形の組織であった。そしてまた、モニトリアル・システムは消滅したとはいえ、最終的に義務教育制度という巨大な組織へと拡大していったのである。

このようにみると、マクドナルドというファースト・フードの世界でのチェーン・システムが成立するよりはるかに早く、義務教育制度という形で全国的なチェーン・システムが成立していたことがわかる。もし一九世紀初頭ではなく、今このモニトリアル・システムが作られ、内外学校協会のような組織が形成されて巨大組織へと発展すれば、人はすぐにそこにチェーン・システムの原理をみるに違いない。しかし時期はあまりにも早く、モニトリアル・システムが誕生したのは、今から二〇〇年も昔のことであり、義務教育制度は他の組織から突出した形で一九世紀後半に完成に向かったのである。だからこそ、義務教育制度が作り出した学校組織は、教育論の中だけで議論された。このようなことが原因で、組織を独自に抽出して対象化し、組織論として議論を展開することは困難となった。その分、学校組織の存在が絶対化されてしまい、学校のハードウエアが自明視され、学級制が見えなくなってしまったのである。

改めて学校の歴史を振り返ると、産業革命がまだ始まってもいなかった一七世紀末、プロテスタントによって慈善活動として取り組まれ始め、一九世紀末に義務教育制度として結晶した学校制度こそは、逆に今日の巨大な産業のモデルを提供したのである。若い時に学級制を体験することが、勤勉な労働者を育て、職業活動に大きく寄与すべく、学校教育は計画されていったのである。清潔な身なりをし、時間を守って毎日学校に行くことと、従業員が職場に通うことの間に、何の違いもない。教師や生徒として、あるいはクラスの役員や構成員として、学級内の地位に応じて行動することが、従業員や顧客としての行動モデルを提供する。また、出席簿や成績簿は、顧客名簿や出納簿と仕組みの上で何の違いもない。そしてサービスのパッケージ化とは、モニトリアル・システムがすでに、一九世紀の初頭に実現させていたのであった。リッツアの主張とは違って、学校こそは近代社会の、そしてまたヴェーバーが言う全般的合理化過程の中心にあるのである。

しかし、生産の場では、事前制御された流れ作業に従事することによって、労働者は報酬が得られるが、同じく事前制御された授業に専念させられながら、児童・生徒に報酬が与えられるわけではない。賃金をもらうにもかかわらず、労働者の仕事は、例えばかの映画『モダン・タイムス』にみられるように、疎外された労働として社会的に問題提起がなされてきた。また消費の場においても、ファースト・フード店による画一的サービス供給に対し、スローフード運動が発生し、顧客がこのチェーン・システムに過剰に組み込まれないように、歯止めをかけようとしている。しかし子どもが、この学校という機械的システムに強制的に順応を求められることが、疎外状況として議論の俎上に載せられることもない。

教育言説を通じて学校を見、その中にいる児童・生徒を見る目は、このようにして産業組織の中にいる人を見る目とまったく異なることとなってしまった。もし、産業組織の中に組み込まれることに対してある種の疎外意識を感じると同様に、子どもが学校組織に所属することにこの意識を持つならば、人は「学級」への所属期間を最小限に留めるように努力するであろう。「児童中心主義教育思想」を典型とする教育言説は、あるいはマイヤーが言うような「疑似宗教性」は、学校を見る目を完全に逆転させてしまったのである。

ないものねだりの学校批判

こうして学校をめぐる議論は、官僚制的システムが備えるハードウエアに特別な関心を注ぐこともなく、ひたすら「良い教育」を目指したソフトウエアの議論に関心を集中させてきたのである。否、ハードウエアが見えなければ、学校をめぐる議論は、ソフトウエアを中心とした教育論の中に閉塞していく他はない。見えなければ、ハードウエアの限界を踏まえた上での学校の役割が、明確に確認されることも不可能となった。

多くのチェーン・システムは、提供するサービスを限定することによって成立している。顧客は、チェーン化した店のサービスに、それなりに特徴なり、限界があることを十分知っている。顧客は大量生産された既製品であり、画一的商品であるがゆえに、十分に体にフィットしないとか、パックの中身が多すぎるとかいうことも知っている。しかし、それでも安くて、手軽に利用しうるということで、ことさらこれらの欠陥をあげつらうことはしないし、過剰なサービスを求めるような高望みもしない。われわれは、画一的な既製品しか売らない店の仕組みであることを十分了解して、買い物に出かけるのである。

しかし、教育言説の支配が強くなり、学校のハードウエアが見えなくなるために、ことはまったく違ってくる。ハードウエアが見えない学校論は、学校機能の限界を知らない。とりわけ、「学級」が

3R'sという限定的内容を伝えるために一つのパッケージとして開発されてきたことが自覚されないまま、そして共同体として理解されてしまえば、学級の中にありとあらゆる期待が投げ込まれる。

明確に自覚されなくとも、実際にはチェーン・システムとして動いているために、学校は随所で、機械的性格、限定的性格、そして画一的性格を表面化させる。しかしチェーン・システムとして学校が動いていることが見えなければ、学校が提供する教育は、明らかに貧相な、あるいは否定さるべき教育としてしか目に映らない。ここから、画一教育や個性無視の教育という批判や、「子どもの自発性を大切にしていない」などの批判が、次々に学校へと投げかけられてくる。

チェーン・システムとしての学校はその成立過程で、他のチェーン・システムのサービスと同様に、一括処理による画一的教育法を採用し、児童・生徒の個性や自発性を意図的に無視してきたという側面があることは否定しえない。だから粗末な教育だと批判することはいつでも、そして誰でも簡単にできる。しかしそれは、本当の学校批判になりえているのだろうか。それは、既製品しか売らないことを標榜している店で、「あつらえ物がない」と騒ぎ立てることと同じく、単なるないものねだりの、あるいは的はずれの批判ということでしかないだろう。巷《ちまた》には、あまりにもこの種の学校批判があふれている。そして、個性が重視された、管理のない、人間性に満ちた「真の教育」を求める言説をさらに高揚させ、学校への期待値をとめどもなく上昇させていくこととなる。

安易に肥大化された学校像

3R'sの伝達を中心に組織を整備してきた学校は、子どもの生活の一部にしかかかわっていなかったはずである。しかしハードウエアが持つ限界が理解されなければ、子どもをめぐるすべての問題が関係あるとして、学校に背負わされることとなってしまう。「しつけは学校でやって欲しい」、「地域でのボランティア活動は学校が推進して欲しい」、「繁華街での補導は学校でやって欲しい」、「青少年の非行は学校教育に問題があるからだ」というように、ありとあらゆる事柄が、学校の仕事とされてしまう。また、「人格の完成や全面発達が学校教育の責務である」というような言説が、これまで活発に展開されてきた。こうして、廣田照幸が言うように、「学校に何ができるか／できないか」「学校が何をなすべきか／なすべきでないか」という議論が完全に棚上げにされてしまうのである（廣田、二〇〇三年、八五頁）。

学校五日制の導入時から、「学校のスリム化」ということが強調された。しかし事態は一向に変わらない。確かに土曜日は休みになったが、平日の仕事の多さに、多くの教師は忙殺されている。チェーン・システムとしての学校におけるハードウエアの存在が、明確に認識されない限り、「学校のスリム化」は実現不可能であろう。学校が何でもやれるところだと信じている人は、多いのである。

ハードウエアの存在が認識されないまま、教育言説がはびこり、人々の学校への期待値が高く、多くの役割を学校に期待する限り、児童・生徒は、「学級」という事前制御された空間世界での生活を、より長く続けねばならないこととなる。ソフトウエアレベルで、ひたすら「良い教育」と「悪い教育」の論争に関心を向けるということは、そのままハードウエアの存在を正当化し、この狭い世界に子どもを幽閉することにいかなる疑問も持たなくなるということに他ならない。「子どものために」とか、「子どもの自発性を大切に」という言葉を叫べば叫ぶほど、学級空間という「鉄の檻」に子どもを閉じ込め、結局は官僚制組織の枠組みに無防備なまま、彼らをさらしてしまうこととなるのである。

過剰な学級体験的自己としての私たち

われわれはみな誰も、小学校入学以来、この「学級」という組織の中で多くの時間を過ごすという生活を経験している。しかし明らかに、徳川時代には学級制はなかったのであり、坂本龍馬も西郷隆盛もこの学級制を経験したことはなかった。われわれが学級体験組であるならば、彼らは学級非体験組といえる。

学級非体験組の人々は、事前制御された空間世界を知らなかったし、自己抑制に身をゆだねるという体験も持たなかった。学級非体験組がこの世に存在しないがゆえに、彼らと学級体験組の性格の違いを比較することは不可能である。比較不能であるがゆえに、現代人は、自分を学級制という特異なシステムの影響を受けた存在として自覚することができなくなった。しかし事前制御や自己抑制という仕組みの異常性を十分に理解すれば、われわれが学級制という長期にわたって人間の行動を規制する装置の中に身を置くことによって、特異な性格形成を余儀なくされていることを、否定しえなくなるだろう。

かつてアメリカの社会学者R・K・マートンは、官僚制組織における目標の転移と逆機能を論じた有名な論文の中で、「官僚制的パーソナリティ」の発生を論じた。そこで彼は、官僚制組織が、規則を職員に忠実に守らせることで、彼らの臆病、保守性、技術主義を誘発し、規則を守るだけの融通のきかない杓子定規な人間を作り出し、「訓練された無能力」を生み出すとした（マートン、一八一～一八四頁）。ここでは明らかに、官僚制組織の職員（ビューロクラット）の病理が描かれている。しかし学校がチェーン・システムとして、児童・生徒をかくも長期間にわたって、官僚制機構が作り出した学級制の中に組み込んでいるならば、彼ら顧客（クライエント）の病理についてもまた、官僚制的パーソナリティの問題として描くことが可能ではないだろうか。

義務教育制度が小学校から中学校まで延長され、なおかつ高等学校へもほぼ全員が進学するようになることによって、青少年期のすべてを、事前制御された学級空間が支配するようになった。しかもまた、極度に移動の少ない、固定的な学級生活を過ごすことが今日においても、ほとんど変わらない。固定的な同級生関係が、毎日の生活を支配しているのである。進学率が上昇し、就学期間が長期化することにより、現代の青少年は、学級体験を過剰なまでに被ることとなった。しかし学級体験の過剰化は、これにとどまらない。

就学期間の長期化は、学校外社会における異年齢集団の解体と同時に進行した。柳田國男が指摘したように、かつて学校外の伝統的な異年齢集団と、学校に導入された同年齢集団とが共存した時期があり、青少年はこの異質な集団の双方にかかわりを持っていた。しかし青少年を支配した集団所属のこの二元性は、一九六〇年代の高度成長期以降、異年齢集団の消失と共に急速に解体してしまった。農業に典型的に示される伝統的家業の減少、それに伴う村落共同体の紐帯《ちゅうたい》の弱体化により、異年齢集団の存立を支える社会的基盤は洗い流されてしまった。しかし、学校だけは、そしてまた学級集団だけは、制度としてそのまま存続し続け、同年齢集団への、青少年の生活の一元化が生じた。

集団所属の二元性とは、学級非体験的自己が生きた世界が根強く存続していたことを意味する。学校教育を通じて得た知識に対し、経験を通じて獲得された知識がいまだに社会的に正当な評価を獲得し、また、そのような人物の影響力は決して弱くはなかった。また当然のこととして、学級非体験的自己からの、学級体験的自己へと向けられた批判が存在した。このような力が存在する限り、学級体験的自己のみが膨張することにはなり得ない。しかしこのような二元性が消失すると、学級体験的自己のみが自己増殖し始める他はない。われわれが生きている今とは、このような時代なのである。

学級制というパッケージから生まれた病理

「学級」は、いじめが起こるから問題なのではない。ましてや、学級崩壊が起こるから問題なのでもない。「学級」という仕組みそのものが、事前制御の中に人を組み込み、感情を操って自己抑制を求め、自動的に競争を促すことにより、学級の中の人間の精神的、肉体的バランスを崩すからである。この崩されたバランスを回復したいという衝動が、いじめというような同級生問題を続発させ、不登校問題を生み出している。そしてまた学級崩壊と呼ばれる現象もまた、心理的バランスを維持したいという、児童・生徒の衝動的反応と見なしうる。「クラスに悩む子どもたち」が出現するのは、このようなことの現れであろう（木之下、菅）。

このようにみてくると、次の二つのことがいえる。第一に、学校で生じる問題、すなわち学校問題を、簡単に教育問題ということはできない。それはむしろ、合理化に関連して生じた問題であり、大量の人間を働かせたり、顧客として組み込んでいる組織において生じた問題なのである。私たちは、学校で問題が起これば、直ちに深刻な「学校問題」として騒ぎ立て、学校外で生じた青少年の問題も直ちに「教育問題」として大騒ぎする時代に生きている。しかし学校がチェーン・システムという形態の官僚制組織として存在していることを確認すれば、むしろ官僚制化した組織の問題としてこれらの問題を扱わねばならないことが明らかとなる。

第二に、学校で生じる問題は、「心の問題」でもない。青少年の問題行動を、精神的、心理的問題として追究しようとする試みが多くなされている。例えば精神病理学者の影山任佐は、「空虚な自己」という概念で、現代青少年の犯罪行動や引きこもり現象を分析し、親子関係の病理と豊かな社会の病理とを結合させて説明している(影山)。しかしながら、問題は精神的病理の中にではなく、事前制御という自己抑制作用に求められていかねばならないのではないだろうか。この作用は、人が自己を主張することを認めない。「空虚な自己」とは、官僚制組織としての学校が作り出した学級制というパッケージに、長年曝《さら》されねばならないことから生まれた、官僚制的パーソナリティと考えた方が妥当である。青少年がかくも長期にわたって曝されることから生じる病理が、青少年の行動に深くかかわっていることもまた、分析において加味されるべきであろう。現代の青少年をめぐる問題を説明するためには、われわれ現代人が、学級体験的自己であることを確認することから始めねばならない。

どれだけ学級制を利用するか

事前制御された世界としての学級制が、いろいろな問題を抱えていることをこれまで明らかにしてきたが、しかしこのことから一挙に「学級制を放棄しろ」という結論が導き出されるはずはない。私たちは、生活のあらゆる分野で、パッケージ化されたサービスなしには、生活しえなくなっていることもまた事実である。学級制は、すべての子どもに基礎的な学力を身につけさせる点において、今後も維持されねばならない。

しかしもっとも大切なことは「学級制は多様な学習形態の中の一つに過ぎない」という基本的な姿勢を明確にしておかねばならないということである。このこととかかわって、次の二つの理解の仕方の問題を最後に指摘しておきたい。

第一に、児童・生徒をどれだけ「学級」という事前制御された空間世界に隔離すべきかという、程度の問題が議論されるべきである。パックツアーは、参加する・しないを、個人の選択にゆだねている。義務教育制度が、この選択を認めないならば、どの程度この強制されたパックの中に、児童・生徒を組み込まねばならないのか、慎重なる議論が必要である。

学級制とは、あくまでも義務教育制度が効率的教育のために作り上げられ、そして事前制御を伴う必要悪である。それは、3R'sを児童・生徒に確実に教えるために開発された機能集団であり、自己抑制に見合った学習満足度を与え、収支の釣り合いを確実に実現しなければならない。このことを確認した上で、学級制の中にどれだけ青少年を入れ込むべきかを議論すべきであろう。

わが国では、この問題にあまりにも無頓着なまま、学級を共同体として理解し、人間関係をはぐくむ場として楽観的にとらえ、その結果、きわめて長期にわたる学級生活を、青少年に強いていることとなってしまった。この無理が、青少年にどのような負荷を与え、無力化、いじめ、不登校の要因となっているのか、今後慎重なる研究が進められるべきである。そしてまたこのことを通じて、青少年を学級制の中にどれだけ組み込むことが可能なのか、その期間の検討が必要である。

このことは、情報化の進展の問題とも関連している。インターネットの普及により、学校内外での情報獲得の方法が多様化しつつある現在、どれだけ学級制が有効性を持つのだろうか。印刷術と製紙技術の発展によって作られた教科書とノートを利用し、教師の肉声をたよりに同級生として集団化された児童・生徒に、大量の知識を与える時代は、これから大きく変容しようとしている。この意味でも、どれだけのことを学級制にゆだね、また学校外のさまざまな場や手段に依存するのか、われわれは早晩、その結論を出すことを迫られているのである。

どのように学級制を利用するか

第二に、学級制の多様化と選択制の強化が課題となる。

パックツアーは、コースが多様であるのみならず、組み方が多様でもある。全コースが細かく決められ、飛行機とホテルのみが決められ、現地では完全な自由行動が取れる組み方まで、さまざまな組み合わせが用意される時代となった。

学級制もまた、同じように考えられないだろうか。かつて、農村共同体が人々の生活に対する強力な規制力を持ち、ほとんどの人が農業に従事し、村民が同じ思考パターンで生活する時代が確かに存在した。このような時代に、「学級」が単なる匿名的な人間の集団であることは許されなかった。したがって、生活共同体的集団形成の目が、学級作りに向けられることとなったのには、それなりの歴史的必然性がある。しかし「脱工業化社会」といわれるほどに時代の変化が進んでしまった時代に、依然として共同体的性格を保持していくことに、どれだけの社会的必然性があるのだろうか。

日本の旅行の典型であった団体旅行、特に修学旅行は、その内容が大きく変容している。奈良や京都の神社仏閣をめぐる旅行にかわって、環境問題、体験学習などのテーマとコースの選択が行われ、海外旅行が組み込まれることも珍しくはなくなってしまった。このような変化が、生徒のさまざまな変化に対応したものであることは明らかである。

「現代っ子」にはじまり、「新人類」、「新々人類」など、次々に子どもを表現する言葉が生み出されずにはおかないほどに、子どもの世界はめまぐるしく変化している。しかし、「学級」の共同体的性格はいまだに大正期から今日まで変わらずに存在している。そしてさまざまな子どもの病理現象の背景因をなしている。

学級制は、生徒の意識、感性の変化にまったく無頓着であった。否、むしろ一九六〇年代の高度成長期に、生徒の意識が個人化しはじめたころに、集団作り、仲間作りというようなスローガンが、教育界ではもてはやされた。生徒の意識や生活様式の個人化に対応して学級制を弾力化するのではなく、逆に集団形成を強化する方向へと向かったのである。したがって、日常生活のいろいろな分野で脱共同体的生活様式が一般化しているのに、学級制のみが、依然として共同体的性格を濃厚に持ったまま、現在にいたっている。

パックツアーが固定的ではなく、顧客のニーズに応じてきわめて弾力的に組まれているように、学級制にも弾力的運営が求められている。それは単に能力別学級編成ということにとどまらず、スポーツの時には合級して多人数にするとか、学年を超えた集団を作るなどの多様な試みが必要であろう。あるいは、中学校や高等学校のような教科担任制のレベルでは、教室をすべて教科の教室に変え、今日のような生活本位の学級制を解体させることも考えられる。そしてまた、生徒個々人の選択可能性を、もっと高めていくことが求められるであろう。共同体幻想に縛られた固定的発想からの脱却が、今ほど求められている時はない。

学級制の弾力的運営とは、児童・生徒が身につけるべき学力、能力の問題と密接に結びついている。事前制御に不可欠な自己抑制が、明確に学力の獲得として贖われるという関係の成立を前提とした学級編成の弾力化が、大前提であることはいうまでもない。まったく異質の活動を導入し、代替満足でことを済ますという従来の学級運営からの脱却が、ここで求められているのである。

むすび

私はこれまで「学校とはどのような組織なのか」を説明することを目指してきた。学生時代にマックス・ヴェーバーの官僚制論に興味を覚え、「学校もまた官僚制組織ではないか」という趣旨の拙《つたな》い卒業論文を書いたのが、研究人生の始まりであった。その後、学校をどのように説明することができるか、あれこれ模索しながら、とうとう四〇年もの長い時間がかかってしまった。

この間、アメリカやイギリスにおいて、そしてわが国でも学校研究の中で、学校を官僚制組織として見る見方は次第に下火となってしまった。他方で、学校という場が、どのように限られた機能しか果たし得ない場であるのかを明確に理解しないまま、マスコミは「おちこぼれ」や「いじめ」「不登校」という言葉を乱発し、「学校現場がいかに荒廃しているか」という報道を煽《あお》るように続けてきた。その上、「癒し」や「こころ」、そして「開かれた学校」というような、「決まり文句」や「殺し文句」をとおして教育を語ることがあたりまえとなり、冷静に学校を見る目は閉ざされてしまった。そして今や「教育改革」が声高に叫ばれる時代となった。しかし、学校の全体像を理解することもなく、そして冷静さを欠いたまま行う「教育改革」が、どのような結果を生むことになるだろうか。

学校は常に改善されていかねばならない場である。しかしそのような議論を、高尚な理念やスローガン化された「決まり文句」から出発してはならない。常識的に、スーパーマーケットやファースト・フード店を見るのと同じ冷静な態度で始めないと、大混乱に陥る他はない。

学校とは、「管理のない、自由が保証される特別な空間」ではない。どこにでも見ることのできる、ひとつのチェーン・システムに過ぎないのだ。こういう私の見方を、どの程度の説得力で読者に示すことができたのかはわからない。しかしこの本を通じて、教育言説から自由な、落ち着いた態度で学校を見る目が少しでも芽生えてくることを願っている。また、その仕組みを知ることで、このような組織の中で生きていかねばならない子どもや教師の苦しみの一端が理解され、無用の混乱を回避する一歩を記すことになれば幸いである。

一三年前（一九九二年）に出版した拙著『学校のアナトミア　ヴェーバーをとおしてみた学校の実像』（東信堂）で私は、ヴェーバーの理論を整理し、彼の理論が学校分析に有効性を持つことを示した。その後、いかに実証的にその理論を生かすかを考え続けて、一〇年あまりの時間が経ってしまった。この作業は簡単に進むと思っていたが、なかなか容易ではなかった。まだ当時、学級制がその焦点となるとは考えてもいなかったからである。しかも、学校成立史を扱っていかねば、その証明は困難であるということに気づき、イギリスにおける義務教育制度成立過程を再検討することとなり、さらに多くの時間を費やすこととなってしまった。

前回の出版に前後して、ボストンで在外研究の機会を持つことができ、ハーバード大学の図書館で、一九世紀初頭のモニトリアル・システム関連の資料を初めて見る機会があった。コピーした資料を持ち帰って、どのように分析しようかと考えあぐねていたが、ようやく「クラスに焦点を向けて研究を進めねばならない」ことに気づいて作り上げたのが、この本である。イギリスの義務教育制度に関する研究は豊富にあるが、それでも、学級制に関する研究はほとんど存在しないために、ここでも悪戦苦闘の連続であったことにかわりはなかった。

この本の出版に当たっては、多くの人々のお世話になった。ボストン大学教授であり、またハーバード大学ライシャワー日本研究所の客員教授でもあるメリー・ホワイト教授には、ボストンでの在外研究の機会を与えていただいた。おかげで、ハーバード大学ガットマン・ライブラリーで、モニトリアル・システムに関する数点の資料を得ることができ、それがこの本の大きな契機となった。

イギリスのブルネル大学にある内外学校協会資料館学芸員ブライアン・ヨーク氏には、モニトリアル・システム関連の貴重な資料を紹介してもらい、資料収集上のいろいろな便宜をはかっていただいた。

「事前制御」という概念を教えてもらったのは、制御工学の専門家、熊本大学工学部柏木潤教授である。大学食堂で昼食を共にしながらの雑談の中でこの概念を教わり、また著書をいただいたことにより、この概念が学級を説明するに極めて有効であることに気づくことができた。まったく異質な分野の知識をさりげなく得ることができる、という総合大学のありがたさを、このような時ほど痛感したことはない。

この本を仕上げるまでに、イギリスの教育に関する文献を多くの大学図書館から借用することができたことは、非常にありがたかった。インターネットですぐに全国の大学、あるいは外国の大学の図書を検索できるという、大変な時代に生きているということを実感しながら、この仕事を進めることができた。私の問題関心の成熟と、インターネット時代の到来が重ならなければ、このような研究を地方の大学で進めることはおよそ不可能であったと思われる。改めて、お世話になった各大学図書館の方々に感謝したい。

本書を講談社から出版する機会を得たのは、畏友、京都大学教育学部竹内洋教授の推薦があったからである。竹内教授から講談社選書出版部の園部雅一さんを紹介してもらって、この本の執筆作業を始めた。しかし、問題意識が十分に成熟していなかったことが原因で、その後五年以上もの年月を費やしてしまった。別の部署へ移られた園部さんの代わりに、井上威朗さんに引き継いでもらってようやく完成に至ることができた。紹介していただいた竹内教授、この本の完成まで、いろいろと助言や励ましをいただいた園部さん、井上さん、編集でご苦労をおかけした浅井瑞江さんに厚くお礼申し上げます。

本書で書いたことは、ここ一〇年の間、熊本大学で教職関連の講義として話してきた内容の集大成である。教員養成学部の教員として、このような内容の講義をすることはおそらく異例のことであったに違いない。しばしば、「柳は学校否定論者である」とか、「柳は心の教育を無視している」といった批判を陰で受けていたことを、よく知っている。しかし大部分の学生諸君が、私の講義に熱心に耳を傾けてくれたことが、このような内容の本として結実するのに大きな励ましとなった。まだ生煮えだった私の講義を辛抱強く聴いてもらった学生諸君にも、感謝の気持ちを示しておきたい。

平成一七年一月二〇日

柳　治男

参考文献

第一章

柏木潤編著（1983）『自動制御』朝倉書店

酒井朗（1997）「児童生徒理解は心の理解でなければならない　戦後日本における指導観の変容とカウンセリング・マインド」、今津孝次郎、樋田大二郎編『教育言説をどう読むか　教育を語ることばのしくみとはたらき』新曜社

志水宏吉（1994）『変わりゆくイギリスの学校　「平等」と「自由」をめぐる教育改革のゆくえ』東洋館出版社

高橋克己（1997）「学級は〝生活共同体〟である　クラス集団観のゆらぎ」、今津孝次郎、樋田大二郎編『教育言説をどう読むか　教育を語ることばのしくみとはたらき』新曜社

内藤朝雄（2001）『いじめの社会理論　その生態学的秩序の生成と解体』柏書房

蛭川久康（1998）『トマス・クックの肖像　社会改良と近代ツーリズムの父』丸善

P・ブレンドン（石井昭夫訳）（1995）『トマス・クック物語　近代ツーリズムの創始者』中央公論社

細谷俊夫（1980）『教育方法』（第三版）岩波書店

本城靖久（1996）『トーマス・クックの旅　近代ツーリズムの誕生』講談社

第二章

P・アリエス（杉山光信、杉山恵美子訳）（1980）『子供の誕生　アンシャンレジーム期の子供と学校生活』みすず書房

海原徹（1993）『松下村塾の人びと』ミネルヴァ書房

金子茂（1989）「近代学校における『クラス』の出現とその存在形態について　イギリスのGrammar Schoolを中心として」、『九州大学教育学部紀要（教育学部門）』第三四集

E・P・カバリー（川崎源訳）（1985）『カバリー教育史』大和書房

J・A・コメニウス（鈴木秀夫訳）（1962）『大教授学1』明治図書出版

E・シュローサー（楡井浩一訳）（2001）『ファストフードが世界を食いつくす』草思社

真木悠介（1981）『時間の比較社会学』岩波書店

安川哲夫（1981）「実際的教育の改革者A・ベルの教育＝訓練思想とその実践（続）　『ベル・ランカスター論争』研究の一環として」、『金沢大学教育学部紀要（教育学科編）』第30号

J・F・ラブ（徳岡孝夫訳）（1987）『マクドナルド　わが豊饒の人材』ダイヤモンド社

T. Bernard (1809), *The New School: being an Attempt to*

Illustrate its Principles, Details, and Advantages, London
H.B. Binn（1908）, *A Century of Education: being the centenary history of the British and Foreign School Society 1808-1908*, London: J. M. Dent & Co.
C. Birchenough（1938）, *History of Elementary Education in England and Wales*, University Tutorial Press LD.
British and Foreign School Society（1837）, *Manual of the System of Primary Education*, London
British and Foreign School Society（1844）, *Manual of the System of Primary Instruction*, London
C.F. Kaestle（1973）, *Joseph Lancaster and the Monitorial School Movement: a documentary history*, Teachers College, Columbia University
J. Lancaster（1803）, *Improvement in Education*, London
J. Lancaster（1805）, *Improvement in Education*, reprinted by Augustus M. Kelley Publishers in 1973
J. Lancaster（1810）, *The British System of Education*, London
J. Lancaster and the British and Foreign School Society（1816）, *Manual of the System of Teaching*, introduced by J. Stern and reprinted by Thoemmes Press in 1994
P. Monroe（1926）, *A Cyclopedia of Education* volume three, Macmillan Company
New York Free School Society（1820）, *Manual of the Lancasterian System*, New York
New York Free School Society（1850）, *A Manual of the System of Discipline & Instruction for the Schools of the Public School Society*, New York
S. C. Parker（1912）, *A Textbook in the History of Modern Elementary Education*, Ginn and Company
J. Taylor（1996）, *JOSEPH LANCASTER: The Poor Child's Friend*, The Campanile Press

第三章

R・オーエン（斎藤新治訳）（1974）『性格形成論　社会についての新見解』明治図書出版
太田直子（1992）『イギリス教育行政制度成立史　パートナーシップ原理の誕生』東京大学出版会
R・オルドリッチ（松塚俊三、安原義仁訳）（2001）『イギリスの教育　歴史との対話』玉川大学出版部
B・サイモン（成田克矢、諏訪義英、榊達雄訳）（1974）『知能と心理と教育』明治図書出版
D・ハミルトン（安川哲夫訳）（1998）『学校教育の理論に向けて　クラス・カリキュラム・一斉教授法の思想と歴史』世織書房
S・ハンフリーズ（山田潤、P・ビリングスリー、呉宏明監

訳）（1990）『大英帝国の子どもたち　聞き取りによる非行と抵抗の社会史』柘植書房
松塚俊三（2001）『歴史の中の教師　近代イギリスの国家と民衆文化』山川出版社
G.F. Bartle（1976）, *A History of Borough Road School*, London: B. R. C Isleworth
G.C.T. Bartley（1871）, *The School for the People: containing the history, development, and present working of each description of English school for the industrial and poorer classes*, London, Bell & Daldy
British and Foreign School Society（1854）, *Handbook to the Borough Road Schools*, London
H.C. Dent（1977）, *The Training of Teachers in England and Wales 1800-1975*, Hodder and Stoughton
P. Gardner（1984）, *The Lost Elementary Schools of Victorian England: the people's education*, CROOM HELM
D.F. Hogan（1990）, The Organization of Schooling and Organization Theory: the classroom system in public education in Philadelphia, 1819-1918, *Research in Sociology of Education and Socialization* vol.9
T.W. Laqueur（1976）, Working Class Demand and the Growth of English Elementary Education, 1750-1850, in Lawrence Stone（ed.）, *Schooling and Society: Studies in the History of Education*, The Johns Hopkins University Press
P. W. Musgrave（1968）, *Society and Education in English since 1800*, Methuen & Co Ltd.
J.F. Reigart（1916）, *The Lancasterian System of Instruction in the School of New York City*, Teachers College, Columbia University
R.W. Rich（1972）, *The Training of Teachers in England and Wales During the Nineteenth Century*, Cedric Chivers LTD.
M. Seaborne（1971）, *The English School: its architecture and organization 1370-1870*, University of Toront Press
W.A.C. Stewart and W.P. McCann（1967）, *The Educational Innovators 1750-1880*, Macmillan
D. Stow（1836）, *The Training System*,（extracted from Stow's Manual on the training system for infant and juvenile schools）, W. R. McPhun, Trongate, Glasgow

第四章

M・ヴェーバー（大塚久雄訳）（1988）『プロテスタンティズムの倫理と資本主義の精神』岩波書店
内田隆三（1987）『消費社会と権力』岩波書店
越智康詞（1990）「教育のパラドックス　教育の宗教性に関

する一考察」、『教育社会学研究』第47集、東洋館出版社

斎藤新治（1981）「近代英国初等学校における『3R's』教授システムの成立過程について」、『教育学研究』第48巻第3号

D・ジョーンズ（薬師院仁志訳）（1999）「都市の学校教師 その系譜学」、S・J・ポール編著（稲垣恭子、喜名信之、山本雄二訳）『フーコーと教育 〈知＝権力〉の解読』勁草書房

谷泰（1997）『カトリックの文化誌 神・人間・自然をめぐって』日本放送出版協会

西川杉子（2002）「プロテスタント・ネットワークのなかのイギリス」、近藤和彦編『長い18世紀のイギリス その政治社会』山川出版社

P・バーガー、T・ルックマン（山口節郎訳）（1977）『日常世界の構成 アイデンティティーと社会の弁証法』新曜社

T・パーソンズ（武田良三監訳）（1973）『社会構造とパーソナリティ』新泉社

J・バーナウアー、D・ラズミュッセン（山本学、滝本往人、藍沢玄太、佐幸信介訳）（1990）『最後のフーコー』三交社

M・フーコー（田村俶訳）（1977）『監獄の誕生 監視と処罰』新潮社

M・フーコー、北山晴一、山本哲士（1993）『フーコーの〈全体的なものと個的なもの〉』三交社

丸山圭三郎（1986）『文化のフェティシズム』紀伊国屋書店

J・L・モッセ（佐藤卓巳、佐藤八重子訳）（1996）『ナショナリズムとセクシュアリティ 市民道徳とナチズム』柏書房

山田昌弘（1997）「感情社会学の課題」、岡原正幸、山田昌弘、安川一、石川准著『感情の社会学 エモーション・コンシャスな時代』世界思想社

若林幹夫（1996）「モノの見る夢、身体の語る夢 消費社会と身体の現在」、大澤真幸編『社会学のすすめ』筑摩書房

D.F. Hogan（1989), The Market Revolution and Disciplinary Power:Joseph Lancaster and the Psychology of the Early Classroom System, *History of Educational Quarterly* vol.29 No.3

I. Hunter（1994), *Rethinking the School : Subjectivity, Bureaucracy, Criticism*（*Questions in Cultural Studies*), Palgrave Macmillan

K. Jones and K. Williamson（1979), *The Birth of the Schoolroom*, Ideology and Consciousness, 6

M.G. Jones（1938), *The charity school movement : a study of eighteenth century puritanism in action*, University Press

J. Meyer（1986), Types of Explanation in the Sociology of Education, J.G. Richardson（ed.), *Handbook of Theory and Research for the Sociology of Education*, JAI PRESS INC.

D. Stow（1850), *The Training System, the moral training*

school, and the normal seminary, Longman, Brown, Green, and Longmans, London
T.R. Tholfsen (1974), *Sir James Kay-Shuttleworth on Popular Education*, Teacher College Press

第五章

天野郁夫（1983）『試験の社会史　近代日本の試験・教育・社会』東京大学出版会
石川松太郎（1978）『藩校と寺子屋』教育社
稲垣恭子（2003）「教師・生徒・カリキュラム」、岩永雅也・稲垣恭子編著『教育社会学』放送教育振興会
勝田守一、中内敏夫（1964）『日本の学校』岩波書店
川村湊（1996）「帝国の作文」、酒井直樹、ブレット・ド・バリー、伊豫谷登士翁編『ナショナリティの脱構築』柏書房
菅野誠、佐藤譲（1983）『日本の学校建築　発祥から現代まで』文教ニュース社
木村力雄（1986）『異文化遍歴者　森有礼』福村出版
斉藤利彦（1995）『試験と競争の学校史』平凡社
酒井朗（2000）「いじめ問題と教師・生徒」、苅谷剛彦、濱名陽子、木村涼子、酒井朗著『教育の社会学　〈常識〉の問い方、見直し方』有斐閣
ナンシー佐藤（1994）「日本の教師文化のエスノグラフィ」、稲垣忠彦、久富善之編『日本の教師文化』東京大学出版会
佐藤秀夫（1970）「明治期における『学級』の成立過程」、『教育』国土社
清水義弘（1980）『地域社会と学校』光生館
志村廣明（1994）『学級経営の歴史』三省堂
新堀通也（1985）『「殺し文句」の研究』理想社
杉田敦（1998）『権力の系譜学　フーコー以後の政治理論に向けて』岩波書店
園田英弘（1993）『西洋化の構造　黒船・武士・国家』思文閣出版
園田英弘、濱名篤、廣田照幸（1995）『士族の歴史社会学的研究　武士の近代』名古屋大学出版会
野村芳兵衛（1974）『野村芳兵衛著作集6』黎明書房
P・バーガー（高山真知子、馬場伸也、馬場恭子訳）（1977）『故郷喪失者たち　近代化と日常意識』新曜社
濱名陽子（1983）「わが国における『学級制』の成立と学級の実態の変化に関する研究」、『教育社会学研究』第38集『学歴の社会学』東洋館出版社
平田宗史（1995）『エム・エム・スコットの研究』風間書房
廣田照幸（2001）『教育言説の歴史社会学』名古屋大学出版会
ひろたまさき（1992）「民衆における心身　明治期の学校を中心に」、『日本学』20号、名著刊行会
三浦雅士（1994）『身体の零度　何が近代を成立させたか』

講談社
森重雄（1993）『モダンのアンスタンス　教育のアルケオロジー』ハーベスト社
森重雄（1998）「学校の空間性と神話性」、『季刊子ども学』Vol.18
柳田國男（1970）『子ども風土記』定本柳田國男全集第21巻、筑摩書房
矢野裕俊（1992）「教室の道具立て」、石附実編著『近代日本の学校文化誌』思文閣出版
山本信良、今野敏彦（1986）『大正・昭和教育の天皇制イデオロギーⅡ・学校行事の軍事的・擬似自治的性格』新泉社
吉見俊哉（1999）「ネーションの儀礼としての運動会」、吉見俊哉、白幡洋三郎、平田宗史、木村吉次、入江克己、紙透雅子著『運動会と近代』青弓社
P.W. Jackson（1968）, *Life in Classrooms*, Holt, Rinehart and Winston, Inc.

第六章

伊藤茂樹（1996）「『心の問題』としてのいじめ問題」、日本教育社会学会編『教育社会学研究』第59集、東洋館出版社
稲垣恭子（2000）「クラスルームの臨床社会学」、大村英昭、野口祐二編『臨床社会学のすすめ』有斐閣
岩見和彦（1993）『青春の変貌　青年社会学のまなざし』関西大学出版部
P・ウイリス（熊沢誠、山田潤訳）（1985）『ハマータウンの野郎ども　学校への反抗、労働への順応』筑摩書房
越智康詞（1999）「教育空間と教育問題」、田中智志編『〈教育〉の解読』世織書房
亀山佳明（1989）「規律・訓練と子どもの自殺　小さなものへの変身」、柴野昌山編『しつけの社会学』世界思想社
苅谷剛彦（1994）「能力主義と『差別』との遭遇」「『能力主義　差別教育』観の社会的構成と戦後教育」、森田、藤田、黒崎、片桐、佐藤編『教育学年報3　教育の中の政治』世織書房
児玉善仁（1993）『ヴェネツィアの放浪教師　中世都市と学校の誕生』平凡社
E・ゴッフマン（石黒毅訳）（1984）『アサイラム』誠信書房
渋谷望（2003）『魂の労働　ネオリベラリズムの権力論』青土社
竹内洋（1981）『競争の社会学』世界思想社
恒吉遼子（1992）『人間形成の日米比較　隠れたカリキュラム』中央公論社
P・バーガー（薗田稔訳）（1979）『聖なる天蓋　神聖世界の社会学』新曜社
原ひろこ、我妻洋（1974）『ふぉるく草書1　しつけ』弘文堂

A・R・ホックシールド（石川准、室伏亜希訳）（2000）『管理される心　感情が商品になるとき』世界思想社
三戸公（1973）『官僚制　現代における論理と倫理』未來社
森政稔（1996）「『学校的なもの』を問う」、小林康夫・船曳建夫編『知のモラル』東京大学出版会
山田昌弘（1994）『近代家族のゆくえ　家族と愛情のパラドックス』新曜社
山本雄二（1985）「学校教師の状況的ジレンマ　教師社会の分析にむけて」、『教育社会学研究』第40集、東洋館出版社
横尾壮英（1985）『ヨーロッパ大学都市への旅　学歴文明の夜明け』リクルート

終章

M・ヴェーバー（浜島朗訳）（1954）「社会主義」、『権力と支配』みすず書房
影山任佐（2001）『自己を失った少年たち　自己確認型犯罪を読む』講談社
木之下隆夫、菅佐和子編著（2004）『クラスに悩む子どもたち』人文書院
廣田照幸（2003）『教育には何ができないか　教育神話の解体と再生の試み』春秋社
R・K・マートン（森東吾、森好夫、金沢実、中島竜太郎訳）（1960）『社会理論と社会構造』みすず書房
耳塚寛明（1993）「組織としての学校」、木原孝博、武藤孝典、熊谷一乗、藤田英典編著『学校文化の社会学』福村出版
J・リッツア（正岡寛司監訳）（1999）『マクドナルド化する社会』ダイヤモンド社

マ

ヤ

ラ

タ

ナ

ハ

サ

索引

ア

カ

〈学級《がっきゅう》〉の歴史学《れきしがく》　自明視《じめいし》された空間《くうかん》を疑《うたが》う

二〇〇五年三月一〇日第一刷発行　二〇二五年二月七日第一六刷発行

著者　柳《やなぎ》　治男《はるお》

発行者　篠木和久

発行所　株式会社講談社

東京都文京区音羽二丁目一二―二一　郵便番号一一二―八〇〇一

電話（編集）〇三―五三九五―三五一二　（販売）〇三―五三九五―五八一七

（業務）〇三―五三九五―三六一五

装幀者　山岸義明　本文データ制作　講談社デジタル製作

印刷所　株式会社新藤慶昌堂　製本所　大口製本印刷株式会社

ISBN4-06-258325-9　Printed in Japan

N.D.C.371.35　230p　19cm

講談社選書メチエ　刊行の辞

書物からまったく離れて生きるのはむずかしいことです。百年ばかり昔、アンドレ・ジッドは自分にむかって「すべての書物を捨てるべし」と命じながら、パリからアフリカへ旅立ちました。旅の荷は軽くなかったようです。ひそかに書物をたずさえていたからでした。ジッドのように意地を張らず、書物とともに世界を旅して、いらなくなったら捨てていけばいいのではないでしょうか。

現代は、星の数ほどにも本の書き手が見あたります。読み手と書き手がこれほど近づきあっている時代はありません。きのうの読者が、一夜あければ著者となって、あらたな読者にめぐりあう。その読者のなかから、またあらたな著者が生まれるのです。この循環の過程で読書の質も変わっていきます。人は書き手になることで熟練の読み手になるものです。

選書メチエはこのような時代にふさわしい書物の刊行をめざしています。

フランス語でメチエは、経験によって身につく技術のことをいいます。道具を駆使しておこなう仕事のことでもあります。また、生活と直接に結びついた専門的な技能を指すこともあります。

いま地球の環境はますます複雑な変化を見せ、予測困難な状況が刻々あらわれています。

そのなかで、読者それぞれの「メチエ」を活かす一助として、本選書が役立つことを願っています。

一九九四年二月

野間佐和子

KODANSHA